若者就職支援サービス・ロードマップ

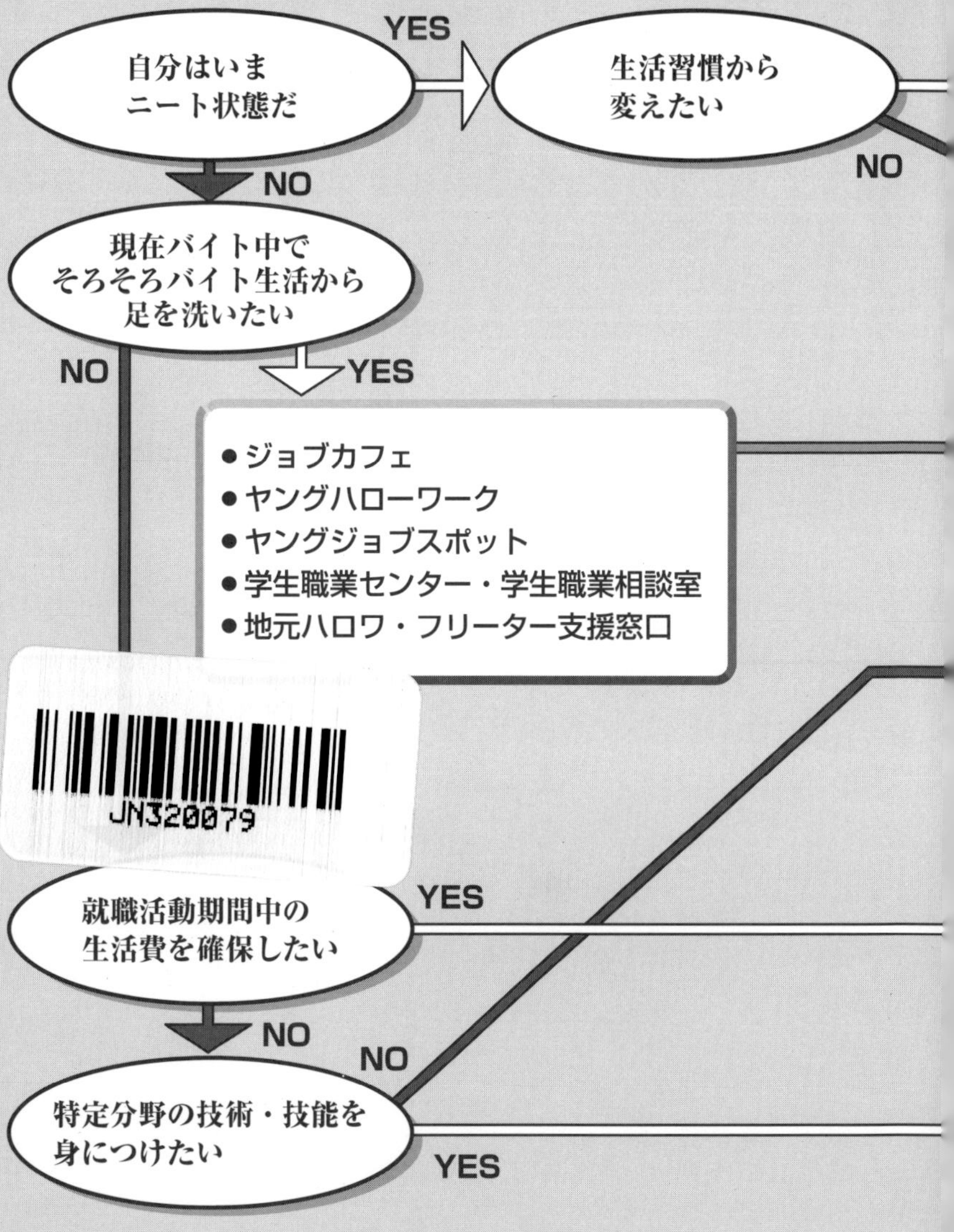

自分はいま
ニート状態だ
YES
生活習慣から
変えたい
NO
NO
現在バイト中で
そろそろバイト生活から
足を洗いたい
NO
YES
●ジョブカフェ
●ヤングハローワーク
●ヤングジョブスポット
●学生職業センター・学生職業相談室
●地元ハロワ・フリーター支援窓口
YES
就職活動期間中の
生活費を確保したい
NO
NO
特定分野の技術・技能を
身につけたい
YES

バイト・派遣・契約から正社員になる!

「若者就職支援」150%活用術

日向咲嗣＝著

同文舘出版

Contents

2章 敗者復活戦は、〝就職参謀〟の指導を仰げ！

若者ハロワ活用マニュアル基本編 「専属コーチ」に就職指南してもらう法

Contents

3章 オプション・サービスはこう活用せよ！

若者ハロワ活用マニュアル応用編　「行動しまくりプログラム」でキメに行く法

4章 プロの知恵を活用して、最後の一押しを成功させよ！

地元ハロワ120％トコトン活用編　「職安」の特別待遇サービスを受ける法

Contents

5章 「働くこと」のリアリティを獲得せよ！

終わりなきニート生活脱出編　人生のどん底から、楽してはい上がる法

6章 生活費と技能習得費は国からもらえ！

雇用保険&職業訓練150%活用編 100万円トクする就職支援の受け方

プロローグ

【特別対談】

不利板尾 vs 日向咲嗣

さらばバイト生活！　オレ就職したいんだけど、どうしたらいいの編

1.8億円の格差！
K男！ いつまでもフラフラしてないで正社員になりなさいよ
そんなもんカッタルクてやってられっか
バイトしてんだからいいじゃんよ 正社員に何の得があるんだよ
いいて？ 正社員の生涯賃金は2億4,221万円
それに対してフリーターは6,176万円
バーン
正社員
バイト
第一生命経済研究所調べ
なんと正社員になると1億8千万円も得なの
そんなにもらえんの!?
ぱぁあ
俺がんばるわ
よしッ
まず1億で豪邸建てて2千万で外車とクルーザー買ってそれから――…
にへ～
生涯賃金の意味わかってんの!?

正社員とアルバイトの違い（某零細企業の場合）
残業をしなくていい
バイト君の勝ち
くうっ
お先に失礼しまーっす♪
ボーナスがある
正社員君の勝ち
イバれる
正社員君の勝ち
あれやって
これやって
オフシーズンに旅行に行ける
バイト君の勝ち
お休みいただきまーす
激安ツアー
グアム 29,800円
Go!Go!
結婚できる
正社員君の圧倒的勝利
これは決定的かも……

《本章の主人公》

不利板男（仮名・26歳）。平凡な成績で大学を卒業後、なんとなくバイト生活をスタートし、その後もなんとなく生きているうちに、ふと気が付いたら26歳になっていた。彼女いない歴3年。最近、無性にハラがたつことが多いらしい。現在、両親と4つ下の弟、愛犬のキムタク（メス）の4人と一匹暮らし。

日向…どうしたのよ。板男ちゃん。そんなに、鼻の穴ふくらませて。何か気に食わないことでもあったの？

板男…それが日向さん、聞いてくださいよ。うちの弟が来年大学を卒業するんですが、**ものすごいバカ**なのに、すでに大企業から3社も内定もらっちゃって、『えーっとぉ、どこにしようかなぁ』なんてゼイタクなことぬかしてけつかるんですよ。オレらの頃は、かなり優秀な奴でも何十社受けて落ちまくりだったのが、いまや、**バブル期並の売り手市場**らしくてすごいことになってるんすよ。履歴書一枚書かずに内定獲得する奴もいるとかで、オレら**氷河期組**からしたら、企業はさんざん人落としまくっといて、いま頃になって学生チヤホヤしだすなんて、**ざけんじゃあねえよ**って感じですよ。

日向…で、板男ちゃんは、どうしたいのよ？

板男…そろそろバイト生活から足洗って、正社員になろうかと思ってるんすよ。バカ弟に『アニキ、いつまでバイト生活してるんだい、へっへっ』なんて言われたひにゃあ、もう死んでも死にきれないですからね。でも、**このトシで正社員として入れる会社**なんてありますかね。

日向…ぜんぜん大丈夫だよ。ヤル気さえあれば。いま企業は、業績が回復したのと「**07年問題**」と言って、団塊世代が一斉に退職して人手不足に陥るのが目にみえているのとで、どこもイキのいい若いのを正社員として採用したくてたまらない状態なんだよ。そんな企業の採用意欲が劇的に高まっているいまこそ**ドサクサに紛れて正社員**になるチャンスかもしんないね。

板尾…でも、企業がほしがってんのは新卒だけでしょう。オレら既卒は、相手にされないんじゃあないすか？

日向…確かに、既卒の人は、フツーに応募すると、実務経験のある人と競合する「中途採用枠」になってしまうから、正社員になるのは難しいことに変わりはないんだけど、**劇的に変わったのが国の政策**。板尾ちゃんのようなフリモンを全面的に支援する政策を次々と打ち出してるんだ。

板男…えっ、いったいどういうことですか？

日向…たとえば、いま日本全国に「**ジョブカフェ**」と呼ばれる施設がゾクゾクと開設されてるなんて知ってる?

板尾…知ってますよ。あれでしょ。ほら、漫画読めてネットゲームできるところ。

日向…それは、ただのネットカフェ！（笑）。まぁ、中身は似てんだけど。ジョブカフェっていうのは、若者向けのハローワークのこと。どこも交通の便がいい繁華街立地で、驚くほど明るいフンイキ。「カフェ」と言うだけあって、なかには**無料ドリンクサービス**のあるところもあって、就職関連の雑誌や書籍がおいてあったり、ネットカフェと同様に**PCも使い放題**だったりするから、買い物のついでに**フラリと立ち寄って暇つぶし**するにはもってこい。あまり大きな声では言えないけど、外出先で**無料ネットカフェ**として活用するのもいいかも。何たって、ネット使い放題のパソコンをタダで貸してくれるんだから、携帯でバカ高いパケ代払うのに比べたら、超オトク！

板尾…ええー、そうなんすか。オレ、先月**携帯代3万**も使っちゃいましたよ。

日向…それ、出会い系サイトやりすぎなんじゃないの（笑）

板尾…すいませんでした。どうせオレはフラレてばっかですよ。シクシク（泣き出す）

日向…ごめん、ごめん。そういうつもりじゃあなかったんだけど。で、もちろん、素晴らしいのはハコだけじゃあないよ。いま全国各地で展開されている「**若者就職支援プロジェクト**」のキモは、何たって**キメ細かい**就職支援サービスにあるんだ。

板尾…ええっ～！　ソコ行くと、何してくれるんすか？　キメ細かいって…。うわぁ～。

日向…何かヘンなこと想像してない？　そんなのはないよ。一言で言えば、**就職予備校**みたいなもん。予備校に通って受験ノウハウをみっちりたたき込んでもらう受験生と、何の情報もなしに自宅で浪人している受験生の違いは板男ちゃんわかる？

板尾…うーんと、予備校に通っている奴は、志望校の試験についての傾向と対策を教えてもらって、ズバリ出題されそうな問題まで教えてもらえるから、本人が持っている能力以上のところに合格できる可能性が高い。

日向…そう！　よく、わかってるじゃん。それに対して、誰の指導も受けずに自己流で勉強している人は、いつまでたっても、初歩的なミスに気づかずに、能力以下のところしか受からないケースが多い。もちろんごく稀には例外もあるけどね。

いい予備校に通うには高いお金を払わなけりゃいけないけど、就職ノウハウを指導してくれるジョブカフェをはじめとした若者向けハロワは、**どんなサービスをいくら利用してもすべてタダ**なんだから、利用しないほうがソンだと思わない？

板尾…確かに。ウチのばあさんも、70歳以上は無料バス券使わないとソンといつも言ってますね。

日向…いやまぁ、それは…。とにかく、一所懸命に就職活動しても、なかなかいい結果が出ないのは、別に**キミの能力がほかの人よりも極端に劣っているわけじゃあない**。企業は、バブルの頃に使えない社員を大量に採用してしまった苦い経験からか、景気が回復して人手不足になっても、一定のレベルに達しない人は採用しない方針を維持しているんだ。だから、応募書類でミスしちゃうと、それだけでもう致命傷なんだよ。

逆に言えば、**ズバリ志望企業に受かるアドバイスを徹底的にしてもらえれば、いままで不採用だった企業もスンナリ採用される可能性が高い**ってわけ。

板尾…なるほど。じゃあ、オレいますぐ、そのジョブ何たらに行ってみますよ。

日向…ちょっと、板男ちゃん待って。その前に、もうひとつ。

板尾…なんすか。まだあんですか。

日向…ほら、何事も「**コツ**」ってあるじゃあない。ただそこへ行きさえすれば、キミが抱えている問題を瞬時に解決してくれるわけじゃあない。行ってはみたけど、利用方法がよくわからなくて気後れしちゃうことってないかな？

板男…ある、ある！　そういやぁ、ウチのばあさんが新しくできた健康ランドの使い方がよくわかんねーってコボしてましたよ。

日向…いや、それもまたまたちょっと例がよくないけど…。若者ハロワには、ジョブカフェのほかにも、ヤングハローワークとかヤングジョブスポットとかいろいろあるんだけど、そのなかでどの施設に行けばいいか、自分のニーズに合わせてどんなサービスをチョイスすればいいのか、キャリアカウンセラーや相談員に何をどう話せばいいのかなど、文字通り**手取り足取り教えちゃう**のがこの本なんだ。

だから、この本を読んでくれれば、何も知らずにいきあたりばったりでただ通う人よりも、一歩も二歩も先を行けるはず。

でもって、最終的には、**数ある若者就職支援制度をどんなふうに組み合わせていけば、就職に成功できるかをケース別に詳述**しているのも大きな特徴なんだ。そのマニュアル通りに行動さえすれば、誰でも志望する企業に就職できるようになっているよ。

板尾…ええっ、そうなんすか。親切ですねえ。ぜひ読ませてもらいますよ。

日向…さらに、もうひとつつけ加えておくと、フリーターが就職するときの最大のポイントは、**「いまの自分に足りないもの」をどうやって調達するか**なんだ。

板男…足りないって言えば、やっぱ経験ですかね。応募するにも、まともな会社は「経験3年以上」とかなってますからねえ。オレらみたいにバイトしかしてない人間にとったら、応募すらできないっていうか。

日向…そんなときはさぁ、国がやってるフリーター支援制度のひとつ**「若年トライアル求人」**を活用するんだよ。その制度をうまく使うと、経験が足りない若者でも、あっさり採用になるんだよ。そこらへんも詳しく書いてあるから、読んどいて。

板男…わかりました。そう言えば、あと足りないって言えばオレ**貯金ゼロ**なんすよ。

日向…それだけはどうしようもないって言いたいところだけど、それも何とかなるよ。

板男…ええっー、マジすか！

日向…**雇用保険**を使えばいいんだよ。バイトは雇用保険に入れないなんて思ってない？

板男…思ってますよ。だって、いまのバイト先、社会保険なんてなんもないすからね。

日向…それでも大丈夫。**入ってないものを入ってることにする裏ワザ**もあるよ。それについては、最後のほうに書いてるからよく読んでおいて。

でもって、その裏技を知ってれば、**月給12万の板男ちゃん**でも、月9・6万で3か月くらいは就職活動に専念できるようになるはず。**合計約29万円ももらえちゃう**。

板男…オレ自宅暮らしですから、月9マンもありゃあ、オンの字ですよ。

日向…その間に、学費タダの職業訓練でパソコン技能をマスターしたり、長期の訓練コースで足りない技能をみっちり身につけるのもいいね。県立の職業訓練に入ると失業手当の支給が最長2年延長されるから、**うまくいけば150万円以上もトク**できるかもよ。

板男…マジっすか！　あ〜あ、オレも失業手当じゃんじゃんもらいまくりてぇ！

日向…あと、多少ゼニはかかるけど、2年間国が運営している大学校に通う「**日本版デュアルシステム**」なんていう最終兵器コースも紹介しているよ。

板男…学生に戻るなんてサイコーっすねえ。キレイなお姉ちゃんとお友達になれるし。よぉうし、がんばって彼女つくるぞ！

日向…　……（コイツ、わかってんのかよ）。

1章

フリーター・無職も大歓迎してくれるってホント？

素朴なギモン一発解消編

若者ハロワ入門ガイダンス

ジョブカフェで生活？

ジョブカフェ
ジョブカフェって要するにハロワじゃねーの？
まあついて来いよ
コーヒー
コーヒーがタダで飲めるぜ
おー
新聞や雑誌も読み放題
ZASSI
おおー
パソコンも使い放題
GAYO
すっゲー
ハローワーク
相談窓口
で、併設のハロワで仕事を探せると
サイコーじゃん
試食コーナー
あとはメシと寝るとこだな
お前はホームレスか

なぜ書類選考が通らないのか
某社人事担当
K村と申します
バイトの履歴書は
いい加減だと言われて
いますが 本当に酷い
履歴書を
鉛筆で書く
Y田A子
写真
えんぴつ
写真を貼って
来ず、その場で
のりを借りて貼る
バイトのみならず
正社員ですら
この有り様
プリクラ
汚ない字
人事課
K村様
○○信金
銀行の
封筒
あげくの果てに
このメールアドレス
ラブハンター
love_hunter@ahoo.ne.jp
oresama-saikoo@
オレサマサイコー
不採用
不採用オオ
みなさまも
お気をつけ下さい

《本章の主人公》

「やりたいことが何もない」と、大学卒業後も、正社員として就職せずにレンタル店でバイトしているM男（25歳）は、先日、中学時代に仲のよかった同級生S次に、偶然街でばったりと出くわしてしまった。

何年かぶりで会ったS次は、スーツにネクタイ姿。専門学校卒業後、地元企業に就職したと人づてに聞いていたが、中学のとき以来、10年ぶりの再会だった。

「おぉ、M男じゃあないか。久しぶり！元気かい」と、向こうから明るく声をかけられ、「ああ、元気だよ」と笑顔で返したものの、「いま、何やってんだい」と聞かれて、「サービス関係の会社に勤めているよ」と言って、お茶を濁した。

「今度、飲もうよ」と言って別れたものの、正社員としてバリバリ働いているS次の姿をみて、何となく自分だけが取り残されているような気分になってしまった。

「何が何でも正社員になってやる！」と、決意したM男。しかし、いったい、どうしたらいいのかさっぱりわからないのだった。

日本って、まったくもっておかしな社会で、新卒のときにちゃんと就職しないで、そのままお気楽なバイト生活に突入してしまうと、いくら本人の能力が高くても、なかなか正社員にはなれない。

なぜって、一度卒業して「新卒」の看板を失った人が応募するのは、一般の転職者採用枠になっちゃうでしょう。転職市場で自分を高く売れるのは経験者のみ。経験ゼロの人材なんて言ったら、それこそ何の売りもないバッタモン扱いなんだから。

最近は、履歴書と一緒に提出するのがジョーシキになっている職務経歴書ひとつ書くにしたって、バイト経験しかないと、人に誇れるような経歴を一行も書けないかも。

そんな状態では、「いますぐ正社員として採用しろ」と言うほうが無理な相談かもね。

M男クンが正社員をめざすにあたっては、まず、自分が置かれた困難な状況を理解することが大事だ。いきなり、やみくもにあちこち応募しても、書類選考で落とされるだけかもしれない。そんなことで自信をなくしたら元の木阿弥。ますます落ち込むだけかも。

ここはじっくりと腰を落ち着けて、就職するためのノウハウをみっちりとマスターすることから始めるべきだと思うよ。

じゃあ、具体的にM男クンは、どんな行動を取ればいいのかを次にみていこう。

若者就職支援施設ってどんなところ？

M男クンがまず行くべきなのは「就職予備校」。プロローグでも紹介したように、最近は、全国各地に若者向け就職支援施設がゾクゾクとできていて、それらの施設では、就職に必要なノウハウをみっちり教えてくれる「就職予備校」としての機能を備えているんだ。

もちろん、それらは受験予備校と違って、いくら利用してもすべて無料！ ヤル気さえあれば誰でも、最新の労働市場に関する動向や高度な就職テクまで教えてくれるんだから、それを活用しないほうがどうかしていると思うよ。

ただし、一口に若者向け就職支援施設と言っても、実にさまざま。

そこで、いったいどんな施設があるのか、タイプ別に解説しておこう。

1 なぜか人気爆発中「ジョブカフェ」

国が実施している「若者自立・挑戦プラン」の目玉として全国に設置されている若者向け就職支援施設のこと。都道府県から委託を受けた地元の団体が運営しているのが一般的。就職準備セミナーや個別相談など、キャリアの足りない若者に対して、ニーズに合ったキメ細かな就職支援サービスを提供する。あちこちの施設に行かなくてもさまざまな支援サービスを一ヵ所で受けられる「ワンストップ・サービス」が売りで、同じ施設内にハローワーク（以下、ハロワ）も併設されているのが大きな特徴だ。

それでいて、交通の便のいい都市部の繁華街に立地。建物もハロワのようなお役所然としたところがない明るい雰囲気で、これまでハロワにはなかなか足が向かなかった職探しをする若者たちにウケている。

なお、名前は必ずしも「ジョブカフェ○○」とは限らず、「就職サポート（または支援）センター」とか「ヤングキャリアセンター」（埼玉）、「若者しごと館」（新潟）などさまざま。変わったところでは「ジンチャレ！岐阜」なんてフザけたところもあるよ。

2 元祖若者支援「ヤングハローワーク」「ヤングワークプラザ」

提供しているサービス内容や施設の雰囲気などは、ジョブカフェとほとんど同じ（というか、こちらが若者ハロワの元祖）だが、ジョブカフェと根本的に異なるのは、ここは国が直接運営するハローワークであるということ。

ジョブカフェの場合、職業紹介（仕事を探している人に職を斡旋し、紹介状を発行する）については、施設内に併設されているハロワが別に行うシステムなんだけど、ここの場合は、自らが一般のハロワと同じように職業紹介までやってくれる。

最近できたジョブカフェよりも、若者支援のキャリアが長いだけに、支援体制は非常に充実している。

ただし、東京（渋谷）、横浜、名古屋、大阪（梅田）、神戸の全国5都市にしか設置されていないのが玉にキズ（そのほかは、後述する学生職業相談室が愛称として「○○ヤングハローワークを」使っている）。

3 職の遊園地「ヤングジョブスポット」

厚生労働省の外郭組織である雇用・能力開発機構が運営している若者向け就職支援施設。個別相談や就職に関する各種セミナーも開催されているが、しごとライブラリー（いろんな職種のビデオがみられる）や適職診断など、どちらかというと情報提供機能にウェイトをおいている施設。

したがって、やりたい職種も決まっていて、すぐにでも応募したい人にとっては、いまひとつ使い勝手がよくない一方で、まだ、どんな仕事をしたらいいのかすらわからない人にとっては、いろんな職業について調べられるので非常に便利な施設と言える。

また、ヤングハロワのように職業紹介までは行っていないばかりか、ジョブカフェのようにハロワも併設されていないので、ここだけで就職活動のすべてを完結できないというデメリットもある。ただし、ジョブカフェと同じ建物にある場合は、そんな不便もない。

4 穴場スポット「学生職業センター」「学生職業相談室」

「学セン」、「学相」と呼ばれるハロワの学生版。厚生労働省がハロワの出先機関として、各都道府県に一ヵ所ずつ設置している。

ハロワは基本的に、中途採用の求人を扱っている（大都市にあるヤングハロワもそう）のに対して、こちらは新卒者向け求人を専門に扱っているのが最大の特徴。

対象者は学生と卒業後おおむね1年以内の未就職者。そう言うと、すでに学校を卒業して何年もたつフリーターや失業生活中の人にはまったく縁のない施設と思いがちだが、その「垣根」が大きく崩れてきているのがポイント。

学セン・学相でも、20代の既卒者なら利用可としているところもゾクゾクと出てきていて、いまや若者ハロワの「盲点」と言ってもいい存在になりつつある。

大半の学セン・学相では、既卒者向けの求人も扱っていて（または新卒と同時募集）、そのなかには比較的大手の求人もあるため、経験のない若年者にとっては、経験者対象の中途採用枠よりも有利に就職活動できる裏ワザ的存在と言える。

もともと学生を相手にした就職支援を専門にやってきただけに、若者向け就職支援の実力はあなどれないものがある。

5 地元が便利「ハローワークのヤングコーナー」

既存のハロワに設置された若者専門の窓口。現在、フリーター・ニートなどで正社員としての就職を希望している若者に限定して就職に関する相談を受け付けていて、ひとりの担当者が継続して相談にのってくれるところもある。

都市部の大きめのハロワに設置されていることが多い。

また、ヤングコーナーを設置していなくても、一般の求職者とは別枠で若者（正社員としての就職をめざすフリーター・ニート）の職業相談にのってくれたり、フリーター担当のジョブサポーターを配置しているところもここへきて急激に増えている。

若者向け施設のある都心部まで通うのがたいへんな地域に住んでいる人には、地元のハロワでそのようなサービスが実施されていないかどうか一度問い合わせてみてほしい。

犬も歩けば就職できる？

というように、いろんな施設があるなかで、じゃあ、どこへ行くべきか。

ズバリ結論から言うと、通える範囲内にある施設をトコトン調べて（スルーしがちな施設もあるので注意）、それらは一通り足を運んでみるのが鉄則だ。

ほら、何事も相性ってものがあるでしょ。Aさんにとっては「活気があっていい感じなところ」なのに、Bさんにとっては「せわしないところ」かもしれないよね。だから、たまたま一ヵ所行ってみた印象で判断しないことが大切。あちこち行ってみて、少しでも自分に合ったところをみつければいいんだよ。

就職活動のコツはとにかく、足で稼ぐこと。ネットの求人情報なんていくら検索したって道は開けてこないけど、リアルの世界では、思わぬ人との出会いがあるもの。

犬も歩けば何とやらで、あちこち行ってるうちに、たまたま、ものすごーく親身になって世話してくれる相談員さんと巡り合うなんてこともよくあるんだからさ。

おおげさに言えば、キミの一生を左右する出会いがどこかに転がってるかもしれないんだから、できるだけあちこち足を運んでみるべきなんだよ。

なお、地方によっては、ジョブカフェとヤングジョブスポット、学生職業相談室などが同じ施設の中に〝同居〟しているケースもあるよ。

ジョブカフェってこんなところ

「そんなとこ行って、ほんとに就職に役立つのかよ?:」と、まだ半信半疑の人のために、若者向け就職支援施設のサービス内容をより具体的に紹介しよう。

ヤングハロワなどに比べて圧倒的に設置数が多いのがジョブカフェ。ほとんどすべての都道府県に一ヵ所以上設置されているから、全国どこに住んでいる人でも、少し足を伸ばせば、どこかしら通える施設があるのがありがたいね。

首都・東京を例に取ると、飯田橋にある東京しごとセンター（以下、東京ＳＣと略す）のヤングコーナーがそれだ。

東京ＳＣというのは、若者に限らずあらゆる年代層に就職支援サービスを提供している施設。飯田橋から徒歩7分の場所にある12階建ての真新しいオフィスビルが丸ごとその施設になっていて、入り口を入ると、頭上に広々とした吹き抜けスペースが広がっている。なかなかゼイタクなところですな。

その3階に「29歳以下の人」を対象にした「ヤングコーナー」があり、東京では、そこがジョブカフェとしての役割を果たしているってわけ。

東京ＳＣ・ヤングコーナーを利用したい人は、まず3階のヤングコーナー受付へ出向いて、利用登録をすることからスタート。

住所、氏名、性別、生年月日、連絡先などを記入した利用登録申し込み書を提出すると、カードを発行してくれ、二回め以後は、このカードを提示すればＯＫ。レンタルショップと同じシステムだね（ただし、利用料は一切かからないが）。

でもって、初回の登録時には、受付で「インテック」と呼ばれるカンタンな面談がある。と言ってもたいしたことは聞かれなくて「その方がどういう経緯で来られたのかをお聞きしまして、その方にいちばんふさわしい支援サービスをご紹介しています」とのこと。まぁ、マンツーマンでやってくれる簡単な「入会案内」みたいなものだね。

この施設の主な支援サービスとしては、以下の5つに大別できるんだ。

1 何げに立ち寄れる・情報提供機能

情報コーナーと呼ばれる一角には、ネットにつながったパソコンが円卓に設置されていて、そこでリクナビなど民間サイトやハロワなどの公的サイトの求人が検索できるようになっている。あまり大きな声では言えないけれど、〝無料ネットカフェ〟として活用できるのがココ（笑）。就職に関する雑誌や書籍なんかも常備されているから、ちょっとした暇つぶしにはもってこい。ここで友達と待ち合わせしたりするのもいいかも。

逆に「オレはそんな不まじめなことはしねえ！　すぐ本気モードに突入するぜえ！」という人は、ここに「キャリア・インサイト」という適職診断ソフトの入っているパソコンが置いてあるから、それを使って適職探しから始めてみるのもいいかもしれないね。

2 好きなメニュー選べる・就職支援セミナー

就職予備校としての機能がコレ。セミナールームでは、自己分析から始まって、上手な応募書類作成のコツを教えてくれたり、模擬面接をやってくれたり、ビジネスマナーの基礎をみっちり教えてくれるたりする、就職支援セミナーが常時開催されている。

セミナーは、自分の好きなものだけ選んで受講できる単発メニューのほか、就職ガイダンスから、自己分析、応募書類作成、面接までを4日間続けて受講する「就活倶楽部」と呼ばれるセットメニューもあり、利用者のニーズに合わせてチョイスできる。

また、14～17名の小人数のゼミ形式で、6週間かけて就職ノウハウをみっちり学ぶ「就コム！」というセミナーもある。これについては、あとで詳しく紹介するね。

3 完全担当者制・個別カウンセリング

やっぱ、若者ハロワの目玉といったらコレでしょう。ヤングコーナーの一角には、ついたてで仕切られた相談ブースがあり、ここで専門のカウンセラーの個別カウンセリングが受けられるんだ。

就職に関する悩みを聞いてくれたり、具体的な就職ノウハウをアドバイスしてくれたりするから、M男クンのように、ひとりで何をどうしていいのかわからずに困っているフリーターとしては願ってもないサービスと言えるかも。

完全予約制で、毎回同じカウンセラーがマンツーマンで対応してくれるのは、若者ハロワならではのキメ細かいサービス。

ちなみに相談時間は一回45分。事前予約が必要だから、初回に登録に行ったときに予約するか、先に予約してから登録に行くといいよ。

4 いざ応募・併設ハロワで職業紹介

東京ＳＣの３階には、「Ｕ-30」なる一角がある。名前からすると、ちょっとアヤシゲな空間だけど、実はココ飯田橋ハロワの出張所。「アンダーサーティ」の略で「29歳以下対象」としたハロワなんだ（ただし、実際には35歳未満で経験の浅い人なら利用可）。

ジョブカフェって、どこでもそうなんだけど、若者の就職について個別カウンセリングは実施している反面、本体では職業紹介までは行っていない。餅は餅屋で、その足りない部分は、施設内にハロワに入ってもらってそこに任せているっていうわけ。

具体的には、専用パソコンでハロワに登録されている求人を検索できるだけでなく、希望に近い条件の求人を紹介してもらったり、求人企業と条件の交渉をしてもらったり、面接のアポイントを取ってもらったりといったことまで。

すでに就きたい職種や業種が決まっていて、ある程度キャリアのある人は、セミナーとか個別カウンセリングなどをすべてすっ飛ばして、いきなりここを利用するのもアリだよ。なお、利用にあたっては、東京ＳＣとは別に求職登録をしないといけない。

5 好奇心炸裂・職業体験プログラム

具体的な仕事のイメージがわかないという人のために、職場体験の機会を提供しているのもジョブカフェの就職支援サービスのひとつ。

東京SC・ヤングコーナーのサービスメニューとしては、実際に企業に出向いて仕事を体験してみるインターンシップ（3～5日）、さまざまな職種の現場へ出掛けて、現場で働いている人に取材した内容を後で発表する「しごと発見塾」（1日）を定期的に開催。

さらには高い技能を持った職人さんに弟子入りする「職人塾」（年1回1ヵ月）といったユニークなプログラムまで用意されている。

一度学校を卒業してしまうと、そういう体験をさせてくれる機会ってまったくないでしょう。志望職種の現場をみてみたい人はもちろん、「仕事するって結局どういうことなの？」なんて漠然と悩んでる人にとっては、この手のプログラムはリアルワールドを知るための絶好のチャンスと言えるね。

コーヒー無料だけじゃあない「ジョブカフェちば」

「東京だから、そんなにキメ細かいサービスをやってるんでしょう」と思った人も多いはず。実は、まったくそんなことはなくて、以上みてきたようなサービスはいまや全国どこのジョブカフェでもやっている定番メニューなんだ。

そこで、もうひとつ千葉県にある「ジョブカフェちば」のケースをみていこう。

場所は、船橋駅前徒歩2分の好立地。14階建てで公共施設も入っている真新しいインテリジェントビル9階のフロアにあるその施設の中に入ってみると、スペースこそ東京SCに比べたらやや手狭な感じはするけれど、「就職活動ガンガンやるぜ！」みたいな〝ヤル気光線〟発しまくる若者たちの活気に溢れていて、フンイキはかなりイイ。

自宅でグタグダしているよりも、こういう所に毎日通うだけで、自然とヤル気も沸いてくるというもんでしょう。

初回は、受付で登録して「インテック」（所要時間10～20分）を受けるのは、東京と同じ要領。主なサービス内容は個別相談、適職診断、就職支援セミナーなどで、施設内にハロワが併設（ふなばしヤングハローワーク）されているのも東京と同じだね。

もちろん無料ネットカフェ、じゃなかった、インターネットコーナーもあり、ここのパソコンで求人検索したり、企業の情報を調べたり、職務経歴書などの応募書類を作成したりできるようになっているんだ（プリンターがつながっていて、タダで印刷もできる！）。

東京と異なるのは、個別相談は担当者制ではなく、毎回相手をしてくれる人が変わる

（ただし完全予約制）ことくらいかな。

そうそう、東京にはないサービスと言えば、**カフェコーナーが設置されていて、なんとそこでコーヒーが無料で飲み放題なんだよ！**　駅前で買い物して疲れたら、ここで疲れを癒している、ちゃっかり者もいそうだね。

もちろん、タダカフェだけを目的に来るのはルール違反だけど、求人雑誌閲覧コーナーもあるから、無料コーヒーを飲みながら求人をチェックするならまったく問題なし！

〝ぶっちゃけトークイベント〟盛りだくさん

細かい点をみてみると、「ジョブカフェちば」ならではの支援サービスも盛りだくさん。たとえば、企業の担当者と気軽にコミュニケーションが交わせる**「仕事探しカフェ」**。同じビル内にある260名収容できるホールに、12社の企業担当者と約80名の求職者が集まって行われる、いわば合同就職説明会みたいなものなんだけど、フツーの説明会と違うのは、一方的に企業サイドが会社のピーアールをするだけではない点。

求職者サイドも含めた参加者で意見交換したり、自分の気にいった企業があったら、その担当者と「ぶっちゃけトーク」ができる場が設けられていて、「働くってどういうことなの？」とか「仕事のヤリガイは？」とか、入社2、3年めの若手社員の人とキタンのない意見を交わせるんだ。服装はラフな格好でOK。

「この場のトークで、キミ元気いいから、今度うちの会社に見学に来てよとなることもあります」（ジョブカフェちばコーディネーター）とか。

また、企業担当者と直接話ができる**「トークライブラリー」**も定期的に開催。こちらの参加者は15名程度と小規模ながら、「仕事カフェ」同様、参加者からの質問もガンガン出る〝ぶっちゃけトーク〟がウリ。

介護施設、パン屋さん、IT企業、工作機械部品メーカーなど、いろんな業種の人が来て「この仕事は、こうなんだよ」って話してくれるから、もし、自分の興味のある業種や職種の関連企業なら、生の情報を得るまたとないチャンスかもよ。

臨機応変スポットサービス

就活をスピーディーに進められるサービスとして注目したいのが施設内にある「アクションカウンター」という窓口。

そこには「求人デスク」「履歴書チェッカー」「面接道場」の3つのカンバンが掲げられていて、これらがなかなかユニークなメニューなんだよ。

まず**「求人デスク」**というのは、ジョブカフェちばのスタッフが独自で集めた地元求人（常時1800件前後）を案内してくれるところ（ただしハロワのように紹介状は出ない）で、その場で窓口の人が個々の求人について、条件面なども詳しく解説してくれる。

応募先がみつかって「ちょっと、履歴書これでいいのかみてもらいたいなぁ」と思ったら、同じ窓口の**「履歴書チェッカー」**で、とりあえず書いてみた履歴書をカウンセラーが添削してくれるし、「来週、面接なんだけど不安」という人は、これまた同じ窓口の**「面接道場」**で、カウンセラーが模擬面接してくれるという寸法だ（ただし、どちらも予約は必要）。ネーミングがなかなかイケてるよね。

さらに、ジョブカフェちばのオリジナルとして有名なのが**「必勝倶楽部」**なるセミナー。15～16名の求職者をひとつのクラス編成にして、その中で仲間同士がお互いに励まし合いながら就職活動を続けていくもの。これについては、後で詳しく解説するので、そちらをじっくり読んでね。

若者就職支援施設ってどんなところか、何となくイメージできたところで、今度は、基本的なことをQ&A方式で整理しておこう。

Q1 利用資格は？

正規の就職（正社員）を希望する若者であれば、学生はもちろん、フリーターだろうがニートだろうが、現役サラリーマンだろうが、誰でも利用できる。じゃあ、「若者って何歳までなの？」というところがポイント。

施設によって「29歳以下」としているところと「34歳以下」としているところの２パターンある（ちなみに東京ＳＣヤングコーナーの場合は、29歳以下）。

ただし、「29歳以下」としているところでも、実際には、34歳以下でこれまで正社員としての経験がほとんどない人の場合は利用できるようになっている（国の若年者支援政策は、35歳未満の非正規の就労を繰り返している層を対象にしているため）。

また、居住地の制限も特になし。東京ＳＣの場合「都内在住者のみ」なんてケチなことは言わない。埼玉、千葉、神奈川在住の人はもちろん、現住所が青森や北海道になっている人でも利用ＯＫなんだよ（もっとも、現実には通うことは難しいが）。

Q2 利用するのは何歳くらいの人が多いの？

ジョブカフェちばを例にとると、施設利用者の年代分布は、20代前半が約半数といちばん多く、次いで多いのが20代後半の約３割、10代と30代前半がそれぞれ約１割ずつという構成になっている。

20代前半の層には新卒就職の学生さんも含まれるから、その部分を除外すると、25歳前後のフリーター及び転職希望者が比較的多いんじゃあないかな。この傾向は東京SC・ヤングコーナーも同じみたい。

学校を卒業した後、何となくバイト生活していた人も、25歳くらいになって正社員としてバリバリ働いている友達をみると「自分もこのままじゃあいけない」と思い始めるんだろうね。そう思ったときがこの手の施設へ行くチャンスなんだよ！

自分と同じ境遇の仲間がいっぱいいる場所と思えば、結構気楽に行けるでしょ。

Q3 何時から何時までやってるの？ 土日はやってないの？

フツーのお役所は、朝9時から夕方5時までだから、あまり使い勝手がよくないよね。

その点、若者ハロワの場合、朝は10時から（8時半または9時からのところも）と遅くして、夕方は6～7時まで営業しているところが多いのが大きな特徴だ。**東京SCヤングコーナーの場合、平日の利用時間はなんと夜の8時まで！**

また大半の施設では、土曜日も開いている（ただし開設時間は平日より短い）ばかりか、なかには、「ジョブカフェいわて」のように、日曜日まで開いてところすらある。

これなら、ふだんバイトしている人も、都合をつけて通いやすいでしょ。

ちなみに、先に紹介した「ジョブカフェちば」の開設時間は、平日朝9時～夕方5時まで。土日はやってないのでヌカ喜びはできない。地元の施設を一度チェックしてみて。

Q4 混んでて待たされるの？

ジョブカフェの場合は、個別相談にしても、セミナーにしても原則として事前に予約して行くシステムになっているので、待たされることはほとんどない。

求人検索のパソコンを使ったり、予約制ではないところの個別相談は、混んでると多少待たされることもあるものの、たいしたことはないみたい。

若者ハロワがいちばん混むのはどこも午後3時前後。東京SCの場合は、午後1時～2時がピーク。セミナーは毎日午後開催のため、それに合わせて来る人が多いとか。午前中は驚くほどすいているから、心配な人は朝イチで出掛けて行くといいよ。

Q5 個別相談にのってくれるのは、どんな人？ 怒られたりしない？

ジョブカフェの中に併設されたハロワには公務員の人もいるけど、本体で個別相談に携わっているカウンセラーの人は、ほとんどが民間人なんだ（東京SCの場合は、業務を委託された民間の人材紹介会社のスタッフ)。

長年、企業の人事で採用にかかわってきた人、民間の人材紹介会社などで活躍してきた人、いろんな会社で経験を積んだ後、キャリアカウンセラーの資格を取った人など、過去の経歴はさまざま。年代層も30代から60代まで幅広くて、比較的女性が多いのも特徴かな。みんな人当たりはいたってソフト。頭ごなしに何かを押し付けたりすることはまずないから心配いらないよ。

Q6 毎回同じ人が相談にのってくれるの?

ジョブカフェをはじめとした若者ハロワでは、原則として完全予約の担当者制で毎回同じ人が相談にのってくれたり、アドバイスをしてくれたりする。

したがって、行くたびに自分の状況をいちいちゼロから説明しなくてもいい。

初対面でいきなり就職の悩みなんて話せるもんじゃあないよね。その点、担当者制なら、何度も相談しているうちに、だんだん話しやすくなるもの。それがこれまでのハロワなんかと大きく違う点かな(最近はハロワでも担当者制でやってくれるところもあるが)。

ただし、ヤングハロワのように、担当者制ではないところもある(その場合も、過去の相談内容が記録されているので、毎回いちから自分の状況を話さなくてもいい)。

なお、担当者制でないところでも、こちらからお願いすると、同じ人が相談にのってくれることも多いので、遠慮してないで「指名できないんですか？」と聞いてみよう。

Q7 事前に予約しないといけないの？

担当者制で個別相談を実施している施設では、事前予約は必須。電話またはネットで、希望する日の空状況を確認したうえで、空いている日時を予約するシステムだ。続けて相談する人は、そのつど、次回の訪問日時を決める「歯医者さん方式」が一般的。

セミナーのほうは、ホームページやチラシで参加者を募集して、事前に参加申し込みをした人のみ受講できるしくみ。人気のあるセミナーになると、2～3週間前に定員がいっぱいになることもあるので、受講したいセミナーをみつけたらすぐに予約しておこう。

Q8 「ジョブカフェ」っていうのに、コーヒーは出ないの？

残念ながら、一般的な施設では飲み物は出ない。フリースペースの中に自販機があって、そこで調達するのが基本。ただし、「ジョブカフェ北海道」や「ジョブカフェちば」のように、フリースペースでコーヒーを無料で飲めるようにしている施設もたまにある（もちろん、セルフサービス）ので、地元の施設をチェックしてみてほしい。

Q9 近くに通えそうなところがないんだけど…

若者就職支援施設って、ほぼすべての都道府県にあるとは言っても、所在地はどこも都心部だから、周辺地域に住んでいる人は、頻繁に通うのは難しいかもしれないね。

でも、そんな人も心配いらない。面積の広い地方では、都心部のほかにも、サテライト（出張所）を何ヵ所か設置しているから、そちらを探して行ってみるといいよ。

ただし、サテライトは、ほかの施設の奥に間借りしてて入りにくかったり、対応も事務的だったりするケースもあるらしいので、あまり期待はできないけど。

その点、北海道や京都のように、各地のサテライトと本部をＴＶ電話でつないで相談できるところなら、地元にいながらにして都心部のサービスを受けられるのがありがたい。

スタッフが定期的に各地に出向いて出張カウンセリングを行っているのが東京ＳＣ。立川と池袋で「街角カウンセリング」をやっていて、立川は、モノレール駅の改札を出たところにノボリを立てて、文字通り路上で、就職に関する悩み相談を受け付けているよ。

なかには、ジョブカフェ信州のように、カウンセリングだけでなく、セミナーまで各地に出前しているところもあり、ほんとにジョブカフェって至れり尽くせりだねえ。

Q10 地元のハロワは役に立たないの？

そんなことはないよ。前述したように、一般のハロワ（いわゆる公共職業安定所と呼ばれるところ）でも、国が推進するフリーター・ニート対策を受けて、通常の窓口とは別に「ヤングコーナー」を設置していたり、「若年者ジョブサポーター」と呼ばれる専門のスタッフを配置して対応しているところも増えているんだ。

だから、もしキミが住んでいる地元のハロワがフリーター・ニートの就職支援に積極的に取り組んでるようだったら、何も遠くのジョブカフェやヤングハロワへ行かなくても、地元のハロワでも十分なサポートを受けられるかもしれないよ。

そもそもハロワというのは、すでに志望職種が決まっている人に対して希望する条件に合った求人を短時間でスパスパッと紹介するところ。だから「何やっていいのかわからないんです…」なんてグズグスしているフリーターにとっては、非常に使いづらかった。

ところが、**支援制度が整ったハロワならば、じっくり時間をかけて相談に乗ってくれて、なおかつジョブカフェ本体ではやってくれない職業紹介（その人の希望に合った会社を紹介して、先方の企業と条件面の交渉までしてくれる）まででしてくれるんだから「役に立たない」どころか、活用次第ではジョブカフェ**

よりも役に立つかもしれないんだ。

何より、ハロワは日本全国いたるところにあるから、自宅から近い場所で使えるハロワがみつかったら、電車で長時間かけてジョブカフェに通うよりずっと便利かもしれないよ。

Q11 卒業して何年もたつけど、いまから大企業に入れない？

常識的に考えると、まず不可能。というのも、ほとんどの大企業は新卒者しか取らないし、稀に行われる中途採用は、かなりのキャリアと実績のある人のみが対象。

ところが、やり方次第では可能性がないわけではない。裏ワザとして、ひとつ考えられるのが前出の学生職業センター（学セン）をフルに活用することだ。

ここは基本的に、大学・短大・専門学校在学中で就職活動をしている学生さんを対象にしている学生専用ハロワなんだけど、20代の既卒者も利用できるのがミソ。

「どうせ求人は学生にしか来ないでしょう」と思うかもしれないが、そこも大きなゴカイ。学センには、大企業の新卒求人がうなっているんだけど、その中には一部既卒者でも応募できる求人もあるんだ。ということは、「第二新卒ですが、応募可能でしょうか」（「第二新卒」とは狭義では一度就職した経験のある若者だが）と問い合わせて、新卒者と同じ土俵で就職活動をすることもできるよね。

●東京しごとセンター「ヤングコーナー」

③セミナールーム

自己分析やコミュニケーション能力向上等、就職活動ノウハウを習得するための「就職コミュニティ」など各種セミナーを定期的に行います。是非ご参加ください！

- 自己ＰＲ方法
- 応募書類の書き方
- 面接マナー
- 業界、企業セミナーなど

●農業などの作業体験を通じて、就業意識を高める「農業塾」

●伝統産業等の“ものづくり”体験ができる「職人塾」なども実施

④ハローワーク飯田橋 U-30

就職に関する相談や職業の紹介を行います。また、パソコンで求人の情報の検索ができます。

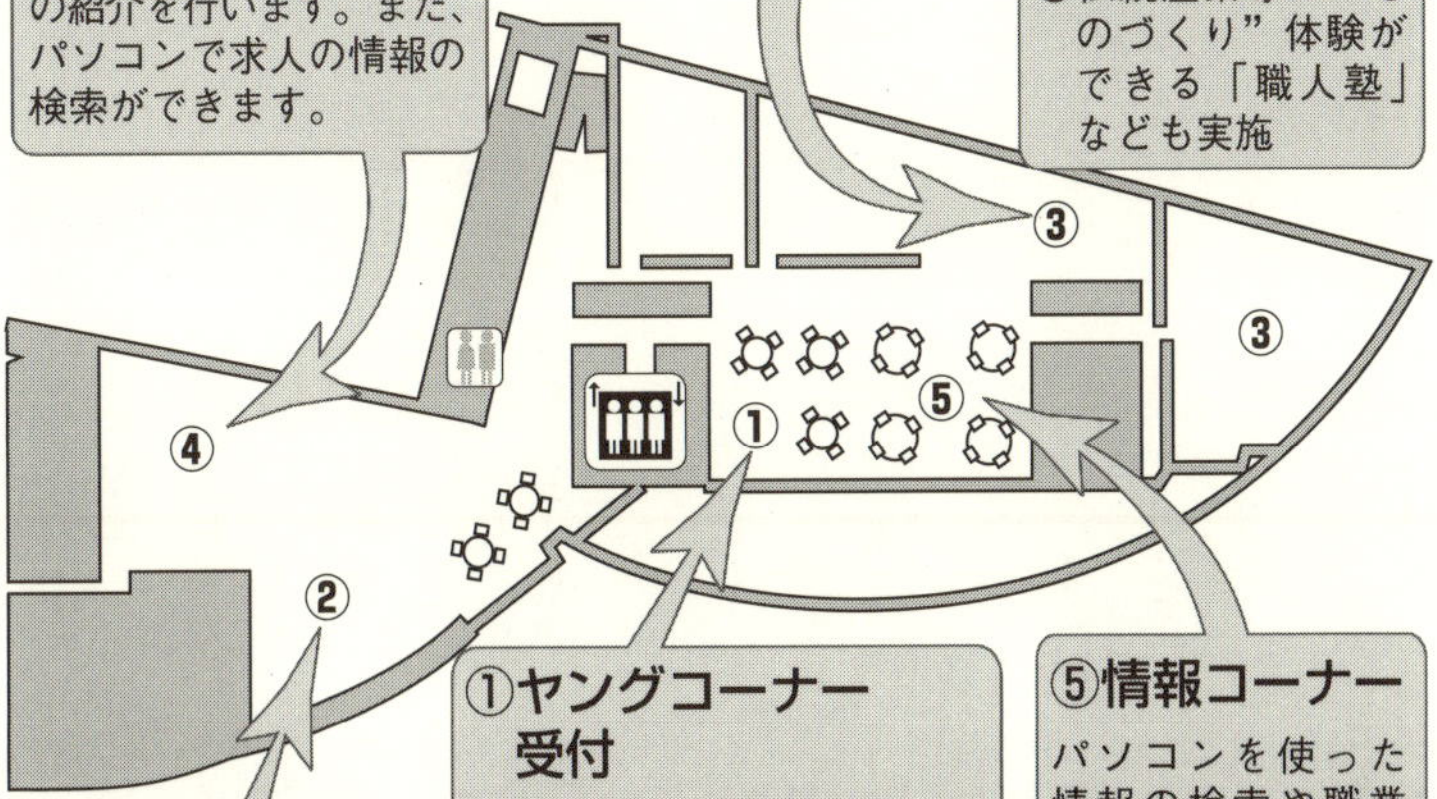

①ヤングコーナー受付

サービスをご利用の際はまずこちらへ
しごとセンター内のサービスのご案内をします。また、利用者カードを発行しますので、まずはこちらでご登録をお願いします。

⑤情報コーナー

パソコンを使った情報の検索や職業適性診断ができます。また、就職に関する書籍・雑誌類の閲覧もできます。

②相談ブース

専門の就職支援アドバイザーが、個々の状況に応じたきめ細やかなアドバイスやカウンセリングを行い、皆さんの今後の就職活動を全面的にサポートします。

●街角カウンセリング
駅周辺などで就職支援アドバイザーがキャリアカウンセリングを定期的に実施

- 自己分析
- 適職相談
- 面接対策
- 就職活動のご相談

新卒採用は、一時の氷河期から一転してバブル期をしのぐほどの売り手市場に突入していて、大半の大企業は、何が何でも若い奴を取りたいと必死になっているんだ。

そこで、既卒者でも、そんなドサクサに紛れて就職活動をすると、フツーにやったら応募すらできない大企業の系列なんかに入れるかもしれないってワケ。

首都圏在住の人は、東京・六本木にある学生職業総合支援センターへ行こう。適職相談から始まって、適性検査、自己分析グループワーク、職種・業界研究、エントリーシート・履歴書の添削、就職フェア（既卒者参加ＯＫのものも）、模擬面接まで、そのプログラムの内容には目を見張るものがある。

「うちに来て一通りプログラムをこなしていただければ、フリーターの方でも9割以上は内定までもっていけます」と断言するのは、学生職業総合支援センターの統括主幹。

面接の質問ひとつ取っても「すべて企業側の意図があり、無駄なものはひとつもない」そうで、その意図を知って受け答えしないと、いい会社の内定はゲットできないんだとか。そんなこともゼロから指導してくれるので、学生さんたちに交じってグループワークなんかがんばれる根性のある人はぜひ、門を叩いてみよう！

ちなみに、ココのホームページ上から「クラブ会員」の登録をすると、学センに寄せられている求人情報を自宅のパソコンからみられるようになるよ。

2章

敗者復活戦は、〝就職参謀〟の指導を仰げ！

若者ハロワ活用マニュアル基本編

「専属コーチ」に就職指南してもらう法

適職願望
自分の適性に合った理想の職業がどこかにあるはず
いろんなバイトを渡り歩いて3年まだやりたい事が見つからないオレ
そろそろ就職したら？
オレはフツーのサラリーマンになりたくないんだいつか理想の職業に巡り合うまで…
なんかお姫様願望みたいね
なんだよソレ
ほら「いつか白馬に乗った王子様が現れて」ってやつよ
そんな他力本願じゃなくて自分の力で見つけるんだよ
うっ
ふーん でもチラシ配りしてたって適職に出会えるわケないじゃん
ごもっとも

相性とジェラシー
ジョブカフェの相談員もいろいろ
1）イケメンのお兄さんが担当
（☆☆☆☆☆）
がんばりましょう
ラッキー！
2）やたら勢いのあるおばさん
（★★☆☆☆）
ホホホホ
大丈夫よ任せなさい
元気でるぅ
3）やさしそうなおじさん
（★☆☆☆☆）
これはこうですね
ためになります
4）年上なのに若く見えるお姉さん
（★★★★☆）
キラキラ
これなんかどうかしら？
なんか全てがムカツク…
えーっ絶対違うだろそれお姉さん5つ星イケメン1つ星
相性よ相性
これは相性なのか嫉妬なのか…

《2章のストーリー》

大学時代、有名企業ばかり受けてことごとく不採用になってしまったJ也（24歳）。卒業後は、コンビニでバイトしながら、公務員試験にチャレンジする日々を送っていたのだが、最近はヤル気も薄れ「どこでもいいから正社員として就職したい！」と思い始めた。

そこで、たまたまネットでみつけた地元のジョブカフェへ出掛けてみたところ、いきなり求人検索でつまずいてしまった。

適当に条件を入力して検索結果を出すと、何百件もヒットして、それらをひとつひとつみていくだけでもとてつもない時間と手間がかかってしまうのだ。

それでも、何日か通ううちに少しずつ要領もわかってきて「よさそう」と思える「事務職」の求人に応募してみることに。

しかし結果は、書類選考でほぼ全滅。

「ひとりでやってもうまくいかないのか」と、今度は個別カウンセリングを受けてみたところ、「どこでもいいではダメ。自分が本当にやりたいと思える仕事を探しなさい」とカウンセラーから言われてしまった。しかし、いくら考えてみても「やりたいと思える仕事」なんて、まったく思い浮かばない。考えれば考えるほど、途方に暮れるJ也であった。

若者ハロワへ行っても、間違った使い方をしている人って結構多いんじゃあないかな。

J也クンのように、いきなり求人検索ばかりしてみたり、個別カウンセリングにしても一回の相談でスパッとした答えを求めがち。

何事も焦ってやっても、いい結果は出にくいもの。ここは若者ハロワの機能をフルに活用して、「正社員として就職する」という課題にじっくりと取り組みたいところ。

そこで、本章では、若者ハロワを活用した上手な就職活動のやり方について詳しく解説していくことにしよう。

人生ゲーム・就職編のフローチャート

まずは、次ページのチャートをみてほしい。若者ハロワを活用して就職するという目標を達成するまでの流れを簡単に整理したのがこれ。

いちばん最初にクリアすべきなのが「自己理解」。自分はどういう性格なのか。好きなことは何で、嫌いなことは何なのか。また、人よりも優れているのはどんな点かなど、自分に関することを一度じっくりと棚卸しして、整理し直すのがこのステップ。

学生時代にやった就活も、「自己分析」から始めたよね。あれと同じ。

そこをクリアしながら、「職業理解」のステップへ。今度は、世の中には、いったいどんな職種があるのか、またどんな業界があるのかといった情報収集をみっちりやって、自分に少しでも合った職種や業界をみつけるわけだね。

●キャリア・カウンセリングの流れ

メンバー登録 ガイダンス	まずはメンバー登録して頂き、これから就職活動を始めるにあたって、知っておくべきこと、ジョブカフェの利用法などのガイダンスを行います。
▼	
カウンセリング （個別相談）	しごとに関する悩み・課題をお聞かせ下さい。キャリア・カウンセラーが、あなたの悩み・課題にマン・ツー・マンで対応します。
▼	
自己理解	１人ではなかなか気づかない自分自身の特性を理解し、就職活動の足場を固めます。必要に応じて「就職力バランス診断」もご利用ください。
▼	
職業理解	自己理解で自分の特性が理解できたら、次は世の中の業種・職種について知識を広げましょう。
▼	
目標設定	自分はどんなしごとが好きなのか？どんなしごとに向いているかを整理し、目標を設定します。
▼	
スキルアップ	目標を設定したら、今の自分に足りないもの、もっと自信を付けたいことに対して積極的にスキルアップを行います。
▼	
応募書類作成	自分を効果的にＰＲするためのポイントをしっかり表現しましょう。
▼	
面接対策	いよいよ最終段階。自信を持って自分を売り込むために必要な面接ノウハウを伝授します。
▼	
就　職	Ｙｅｓ！見事就職決定！
▼	
就職後の相談	新しい職場での悩みや不安もお気軽にご相談ください。

にいがたジョブカフェ事業ホームページ
（http://www.niigata-jobcafe.jp/work/cou_route.php）より

そこまで掘り下げていくと、おぼろげながらでも、基本的な方向性がみえてくるはず。たとえば「自分はこういう性格で、こんなことが好きで得意だから、それを活かしたこんな仕事に就きたい」といった感じで、論理的なストーリーがビシッと決まるでしょ。

就職活動はここからが本番。基本的な方向性がみえてきたら、いよいよ求人検索をして、自分の希望に近い企業に次々と応募していくわけだけども、そのときに、必要になるのが履歴書などの応募書類の書き方と、面接におけるマナーや受け答えのテクニック。

そこで、セミナーに出席して、みっちりと応募書類の書き方のコツを教えてもらったり、カウンセラーの人に応募書類を添削してもらったり、面接で聞かれる定番質問に対して想定問答を考えておいたり、さらには模擬面接に参加したりするのが次のステップ。

自己理解と職業理解までのステップは、自分が積極的にやりたいと思えることをみつける掘り下げ作業だったよね。それに対して、**応募書類の書き方と面接対策のほうは、完全にテクニックの世界**。だから練習さえすれば、どんな人でもみちがえるように上達して、内定をゲットできる可能性は飛躍的に高まるわけなんだ。

ところで、ここまでのステップで、いちばん重要なのはどこだと思う？

そう、やっぱり「**自己理解**」と「**職業理解**」のところだよね。その2つのステップをクリアして「どんな会社に応募していくか」という目標さえ決まれば、あとはテクニックを磨けばいいだけだから、根気よくやれば誰でも何とかなるもの。

ところが、目標があいまいだったり、適切でなかったりすると、いくら努力してもJ也クンのように、なかなか内定までたどりつけないのが現実。

だから、すべての基本は「自己理解」と「職業理解」のところにあるといっていいんだ。ジョブカフェをはじめとした若者ハロワは、そこのところを突破するための手助けをしてくれる体制が既存のハロワなんかに比べて非常に充実しているところ、というわけ。

〝専属コーチ〟をみつけよう

じゃあ、J也クンの場合は、ジョブカフェに行ったらまずは何をどうすればよかったと思う？　アタマのいい人はもうわかるよね。そう、まずは個別のキャリアカウンセリングを受けること。つまり、就職支援のアドバイザー（カウンセラー）の人にマンツーマンで指導してもらって、「自己理解」のステップをクリアするべきだったんだ。

アドバイザーの人と話をしながら、自分の過去の出来事をひとつひとつ振り返ってみて、場合によっては、適職診断なんかも受けながら、自分はどんな仕事をしたいのか、また何に向いているのか、自分のセールスポイントは何なのかといった「自己理解」のステップを少しでもクリアしていかないと、なかなか前に進まない。

もちろん、それは1日で完結するものではなく、どんなに短くても数週間はかかるくらいタイヘンな作業になることは覚悟しておくべき。

したがって、個別のキャリアカウンセリングは、一度や二度じゃあなく、最低でも1か月程度は継続的に受けていくのが鉄則中の鉄則。

できれば、ひとりのアドバイザーに継続して相談するのが理想だけれど、施設によっては、担当者制でないところもあるのがネックかな。でも、逆に言えば、担当者制でないところのほうがかえって都合がいいかもしれないよ。

なぜって、担当者制の場合は、毎回完全予約制で、一回当たりの相談時間も40分〜1時間とキッチリ決まっているのに対して、担当者制でないところは、相談時間も結構アバウトで、平気で2時間くらいじっくりと話を聞いてくれることも。

しかも、担当者制の場合、一度担当アドバイザーが決まったら、たとえ波長が合わなくても「ほかの人に変えて」とはなかなか言えないのに対して、毎回違ったアドバイザーが対応してくれるところだと、何度か通って自分と相性のいい人をみつけたら、その人に「次回もお願いします」と個人的にお願いすることもできるのがミソ。

ほとんどの若者ハロワでは、そのくらいの融通はきくので、遠慮してないで頼んでみて。ただし、毎回同じ人にお願いする場合は、あらかじめ次回相談の日時を予約して行かないといけなくなるけどね。

では、具体的にジョブカフェなど若者ハロワへ出掛けてカウンセラーに相談すると、どんなアドバイスをしてもらえるのか。

東京SC・ヤングコーナーでキャリアカウンセリングを担当している就職支援アドバイザーのIさん（30代前半女性）にケース別の助言例を話してもらった。

《ケース1》挫折型

25歳、女性。大学在学中の就職活動において、エントリーシートの段階で全滅。面接までいかなかったためにすっかりヤル気をなくし就職を諦める。卒業後は、とりあえずバイトで食いつなぐ日々を送っているが、何とかして正社員になりたいと思っている。

「この方の場合は、まずは、学生時代にどんなふうな就職活動をされたのか、エントリーシートには何をどう書かれたのか。そのへんからうまくいかなかった原因をヒアリングしていくことになると思います。

詳しくお話を聞いていくと必ず問題点がみつかります。たとえば、自己ピーアール不足だったり、もしくはやりたいことが絞れていなかったり。そのために、何をやりたいのかが強く言えていなかったりするケースがやはり多いですね。

いずれにしても、自己分析に戻らないといけません。自分が本当にやりたいことは何なんだろうかとよく考えていただいて、その方向性で就職活動していって、これからはどうすればいいのか。そのへんを一緒になって考えていくような感じですね。

あとは、いままでやってきたこと、たとえば、アルバイトで接客をされていたのでしたら、好きでそういうことをしていたのかもしれませんし、逆に、興味なくやってきたのかもしれません。ひとつひとつエピソードを聞き出して、もう一回自分を振り返ってもらう作業を一緒にしていきます。

そうすると、たとえば、アルバイトでは、こういうところにヤリガイを感じてたと気づかれることも。そんなところからも自分のやりたいことがみつかる場合もあります」

《ケース2》ドロップアウト型

23歳、男性。高校卒業後、コンピュータ関係の専門学校に入学するものの、ハードな実習についてゆけず1年で中退。現在はコンビニのバイトをして生計を立てている。いずれは、正社員として働きたいと思ってはいるが、具体的な行動を起こす前に、「自分は何に向いているのか」「何ができるのか」わからないで悩んでいる。

「この方も完全に自信をなくされているタイプですね。これだと思ってやられてきたことが結果的にダメだったわけですから、自分は、何やっても長続きしないんでしゃあないか、能力が不足しているのではないかと、必要以上にご自分を苛んでいるんだと思います。

そこのところのフォローはもちろんしなければいけないんですが、最終的には、これまでやられてこられたことをプラスに考えてもらうことがいちばん大事だと思います。中退してしまったけれど、自分なりに目的があって入ったはず。結果的には自分に向いていないことがわかった。面接などでは、その過程は正直に言ったほうがいいでしょう。

一方で、これから何をしたいのか。ある意味、挫折もいい経験になった、この失敗を活かして次のステップに進みたいというくらいの気持ちを持ってもらいたいですね。

特に、いまは、アルバイトで生計を立ながら正社員めざして一所懸命活動を始めているわけですから、そこはプラスです。前向きな感じがしますので。

応募書類の表現や面接での受け答えとしては「一回リセットして、いろいろ考えた結果、これをやってみたいと思っていま応募しています」というような感じになると思います。

あとは、自分の強みを知ることですが、コンビニのアルバイトしかご経験がない。そこはもうこれまでやられてこられたなかから強みを探してあげて、それをどんどんアピールしなさいとアドバイスします。専門学校時代に学んだ勉強の仕方とか、コンビニの接客で心掛けていることとか、何かしら、強みみたいなことがあるはず。そこを一緒に探して、その部分で自信を持っていただくようにお話を進めていきます」

《ケース3》夢追い型

29歳、男性。専門学校卒業後、居酒屋のバイトをしながらミュージシャンをめざして活動するものの、いくらやってもまったく芽が出ないために、そろそろ正社員として一般の企業に就職したいと思っている。しかし、年齢がすでに30歳間近で、キャリアがまったくないため、正社員への道はかなり厳しそう。いったい、どうしたらいいか。

「企業サイドからすると、何年もフラフラ遊んでいたようにとられがちですが、ひとつの道を10年近くもやってこられた点は、間違いなくセールスポイントになると思います。自分にはこんな夢があった。でも、やはり年齢のことを考えて、このへんでそろそろ区切りをつけて、ほかの道へ転身しようと、いま、一所懸命に就職活動してますよと。そこがちゃんと言えれば大丈夫かなと思いますね。

若いほうが正社員になりやすいのは確かです。でも、年齢が少し高くなったからといって決して絶望的なわけではありません。

もちろん、条件的に応募できる企業は少なくなるでしょうから、基本的な方向が決まったら、あれこれ迷わずに、もうどんどん求人に応募していってもらいます。

これまでやられてきたことは決して無駄ではなくて、そこから学んだことはたくさんあると思いますので、そこを何とかみつけてあげて、うまくアピールしてもらいたいですね。とにかく、企業から、色眼鏡でみられがちな点を払拭しないといけません。『ただフラフラしてたんじゃあない』ということを認めてもらうために、自分は、どれほど真剣にやってきたかということをどう表現するかがキーポイントになると思います」

《ケース4》方向転換型

25歳、女性。大学卒業後就職せずに、公務員めざして試験を受験するものの3年連続で不合格となった。このままあと何年も勉強を続けても受かりそうもないと思いはじめ、公務員への道はすっぱりとあきらめて就職することを決意。とはいえ、これまで就職活動の経験がまったくないため、いったい何から始めたらいいのか途方に暮れている。いまは、とりあえず、簡単なパソコンの資格でも取ろうと思っている。

「この方の場合も、基本的には、夢追い型の人と似ていて、やりたいことがあって、めざされていたわけですから、そこは一本筋は通っていると思います。区切りをつけて方向転換していこうということですので、そんなに難しいケースではないですね。

まずは自己分析から始めてもらいます。どうして公務員をめざそうと思われたのかから。そのうえで、まったく違う職種、たとえば営業なども視野に入れたいというのであれば、そのへんのお考えもいろいろお聞きしながら進めていく感じになると思います。

このタイプは、自己分析をして、じゃあ、こういう方向でいきたいとなれば、すぐにでもご自身で動かれる方が多いですね。そこまで背中を押すのがわれわれの仕事です。

公務員試験を受けられている方の場合、コミュニケーション能力が特別劣っている方はあまりいません。それなりに能力も高い方が多いですよ。ただ「安定している」というだけの理由でめざされている方の場合、たとえば営業ではなくて、もっと違うデスクワークであったり、サポートするような仕事に適性があるかもしれません。そういったことも含めてお聞きしながら進めていく感じになります。

また、公務員試験の勉強を続けるなかで、それなりに知識もお持ちでしょう。企業によっては、そこがセールスポイントになる場合もありますので、アピールしていくべきです。パソコンの資格については、あまりオススメしません。企業サイドとしては、できるかどうかをみるだけで資格を持っているかどうかは重視していませんので。基本的なスキルを身につけるだけでしたら、短期で習得できる職業訓練をご案内しています」

3か月で正社員になれるカウンセリング手法

キャリアカウンセリングの雰囲気は何となくわかってもらえたかな。じゃあ、どういう流れで相談を進めていくのか、さらに詳しくIさんに聞いてみた。

――フリーターが正社員になるために、どのくらいの相談期間が必要？

「その方の状況や、こちらに相談に来られるペースにもよりますが、標準的には3か月くらいです。できれば、週に一回くらいのペースで来ていただきたいですね。そうすると常に状況に合ったアドバイスができますので。

ただ、ご自分で動けるようになったら、どんどん動いてもらいます。求人に応募していく段階になったら、何かつまずいたらそのつど来ていただければいいし。うまくいっていればそのままご自分で続けていっていただいても結構です」

――挫折型やドロップアウト型になると、自己分析の段階で苦労するのでは？

「そうですね。こちらで自己分析シートをお渡しして、次回までに書いてきて下さいと宿題を出す場合もあります。また人によって、それもご負担になる場合は、あえてシートは渡さずに、お話しながらお聞きしていくケースもあります。また、お渡ししても、書けなかったときは、書けないままで持って来ていただいても構いません。なかなか文章にするのはたいへんですから」

――どんなスケジュールで進めていく？

「初回に、これまでの状況をお聞きして、二回め、三回めくらいで、自己分析プラス強みをやっていきます。自己分析は、これまでやられてこられたことから強みを理解してもらうのと、あと、これから何をしたいのかという気づきの両方の意味をもっています。一週間に一回のペースですと、そこまでで二～三週間はかかります。

自己分析をすると同時に、こういうものをやりたいんだなと気づいたとしたら、仕事の情報収集は随時やっていただくような形になります。何となく、何々職で動こうとか、どういう業界がいいといった志望職種と業界の情報収集というのは、自己分析と合わせてやっていくような感じですね。その3つに1か月くらいかかります」

――自己分析さえクリアしたら、あとはスンナリ行く？

「そうですね。スンナリいく方は、初回の自己分析で強みをひっぱってあげると、それだけで自信がついて、ご自分で勝手に活動されるようになります。求人みていって、どんどん受けちゃう。あとはもう、やりたいことと、仕事のことを調べながら進めていきます」

――自分がやりたいことがいくら相談してもわからない方もなかにはいる？

「いらっしゃいますね。ただそういう方も、面接に行って話を聞いてわかることも多いので、ある程度動きながら、絞っていくのも現実的な方法です。何々職で何々業界とまで細かく絞れなくても、何なくこういう方向とわかったら、求人に応募してもらいます」

――脈略なく、あちこち受けてもいい？

「いいえ、さすがにまったく方向性が絞れていないとダメですね。面接で志望動機などを聞かれたときに、たぶんちゃんとした答えができないでしょうから。求人への応募は、おおまかにでも、方向性がある程度決まってからになります」

プロが教える「ココがつまずきポイント!」

――書類選考で一社も面接までいかない場合は?

「そうなると、応募書類の添削ですね。わりと多いミスは、自分のやりたいことが十分に伝わっていないケース、あるいは職歴がアルバイトも含めてある方だったら、そこでの強みが応募している企業での仕事とはちょっとズレているといったケースです。

会社がその職種に求めるスキルや能力はあると思いますので、求人企業のニーズを読み取るようにして、そこにつなげることが大切です。会社としてはこういう人材がほしいのに、それとはぜんぜん違う部分をアピールしていたりする方も多いですから」

――面接対策は?

「その方のこれまでのご経歴によって、必ず聞かれるポイントはありますので、それに対する答え方のアドバイスをしたり、ズバリ聞かれるポイントはここだよと言って、それについて事前に考えてきてもらったりしています。

面接が苦手な方は結構多いですね。うまくなるには実践練習しかありません。緊張は誰でもするものです。でも、そこはどれだけ事前に準備できているか、伝えたいことを準備できているかが勝負です。そこは積み重ねですね。
面接は、実践練習をすればするだけうまくなります。また、応募書類もどんどんバージョンアップしていけば、印象はぜんぜん違ってきます」

「相談に行く」ことからすべては始まる

――ニートでも相談できる？

「東京ＳＣヤングコーナーでは、ここにいらした時点で、就職活動を始めているわけですから、もはやニートではないという考え方です。ですので特別扱いはしていません。
前職で人間関係が難しくてご退職されたなど、過去の失敗が尾を引いていたり、社会に出ていく自信がないという方は、気持ちの面で次のステップに進めない場合が多いですね。そういう方は、前半の自己分析を重点的にやっていくことになるかと思います」

――漠然としていて何を相談していいのかわからない場合は？

「なかには、そういう方もいらっしゃいますね。そのへんはご心配なさらずに、不安な気持ちをそのままぶつけに来ていただければと思います。その人なりのアドバイスをしていくことができますから。ニートの方でしたら、ここに来るのが外に出るきっかけになったりする場合もありますので、もうほんとに、気軽に話をしにきてほしいですね」

――もっとしっかりしなさい！　と叱られることは？

「場合によっては、そんな励まし方もするかもしれませんが（笑）、いきなり最初から厳しい対応をすることはありません。カウンセリングは、まず信頼関係が大事です。ある程度信頼関係ができてからでないと、こちらのお話も聞いていただけませんから。

元ニートの方には、できるだけゆっくりと時間をかけてお話をお聞きすることになると思います。あとは施設内で実施されているセミナーなども受講しながら、少しずつ自信をつけて活動できるようになっていただきたいですね」

最初の3分でキミの「運命」は決まる

就職支援アドバイザーのカウンセリングを継続的に受けることが若者ハロワを上手に使いこなす最大のコツなのはわかってもらえたかな。

とはいえ、キャリアカウンセリングって、ただ黙って座ればピタリと当たる占いのようなわけにはいかない。相談する側も、いいアドバイスをしてもらうための努力は絶対に欠かせないんだ。その点についても少しフォローしておこう。

これは、ジョブカフェのアドバイザーに限らず、若者ハロワでカウンセリングを担当しているプロたちが驚くほど同じことを言うんだけど、**「相談に来た人と話すと、その**

人が就職できるかどうかは最初の3分でわかっちゃう」んだって。

なぜだか、わかる？ 彼らが特別人間観察力に優れてるわけじゃあなくて、初対面での相談者のコミュニケーション能力をみているからなんだ。

つまり、キミが若者ハロワへ行って、アドバイザーと初対面で話すときの印象と、企業の採用試験の面接で面接官に与える印象は、ほぼ同じだってこと。

そして、正社員として就職できるかどうかは、面接での最初の数分間の印象がいかに決定的かってことなんだ。

コミュニケーション能力と言っても、それは、決してクチベタだからダメだとか、そんな単純なことじゃあないよ。多少クチベタな人でも、「何としてでも正社員として就職したい！」と思っていて、そのヤル気がことばの端端に表れていれば、まったく問題なし。逆にシャベリがいくら立っても、何となく不遜な感じだと、それだけで決定的に不利だよね。

アドバイザーの人も相談を受けるのは仕事だから、どんな人にも同じように対応するはずだけど、やっぱりどんな人にも感情ってものがあるでしょう。まったくヤル気が感じられなくて、投げやりな態度をしている人には、無意識のうちにもおざなりなアドバイスしかしなくなるかもしれないよね。

ということは、最初にアドバイザーの人に相談する時点で就職活動はすでに始まっていて、ここでつまずいたらその後もうまくいかなくなるかもしれないってこと。

だから、いいアドバイスをしてもらおうと思ったら、キミ自身がカウンセリングの段階から真摯な態度で臨むことが大切なんだよ。

早い話が、初回のキャリアカウンセリングを企業の面接と同じだと思って行くことかな。そのくらい一所懸命なところをみせれば、アドバイザーの人も、きっといいアドバイスをしてくれるはずだと思うよ。

ナビゲーターはハンドルを握らない

それともうひとつ。就職活動は孤独にやらないで専門のアドバイザーと二人三脚で進めていくことが大切な一方で、必要以上にアドバイザーに頼りすぎるのもいけないってことも肝に命じておこう。

結局、いろんなアドバイスを受けて、最終的にどうするかを決めるのはキミ自身だし、実際に動くのもキミ自身だから、アドバイザーが手取り足取り指導してくれることには、どうしても限界があるのも事実。

「何していいのかさっぱりわからないから、テキトーにオレに合った仕事をみつくろって、そこに受かるためには、何すればいいか逐一指示して」なんて〝おんぶに抱っこ〟では、就職活動は、まず成功しない。

何でも母親に頼っちゃうマザコン男が、いくつになっても自立できないのと同じで、自分の力で何とかしようとする気持ちがないと、何やってもうまくいかないもの。

変にカッコつけたりせずに、そのつど自分の状況や気持ちを正直に伝えて、目の前の課題を解決するための方法をレクチャーしてもらったり、どの道を選ぶか迷ったときの判断材料を提供してもらうのが正しいカウンセリングの受け方。

したがって、毎回の相談だって、漠然と臨むんじゃあなくて、自分なりに時間と労力を使って情報収集したり、考えに考え抜いたうえで、「こういうふうに考えたんですが、どうでしょう」とアドバイスを求めるようにしたいものだね。

もっとも、継続的に相談していると、「じゃあ、次回までにこれとこれを考えておいて」と宿題を出されるのが一般的だから、それをクリアして相談に臨むようにしよう。

とりあえずは、そこのところさえオサえておけばオッケーだよ。

就職支援セミナー受講ガイダンス

ジョブカフェなどの若者ハロへ行ったら、みんな真っ先に受けたくなるのが就職支援セミナーでしょう。学生時代に、「就活」やらなかった、またはやったけどよくわかんなかった人は、就職活動って、いったい何から始めて、どうやって進めていったらいいのかすら皆目見当がつかないだろうけど、そんな人も、恐れることは何もないよ。この手のセミナーを受講すれば、就職活動の進め方や内定をゲットするためのノウハウを手取り足取り教えてくれるんだから。

じゃあ、就職支援セミナーって、どんな感じのものなのか。ジョブカフェで開催されている一般的なセミナーの主な内容と流れをざっと紹介しておこう。

1 自己分析セミナー

本章の前半でもみてきたように、就職活動のスタートはまず自己分析から。自分はどういう性格で、何が得意なのか、いいところはどこなのか。企業の求人に応募するにあたっては、あらかじめ自分の強みを知って、そこを応募書類や面接でしっかりアピールしないといけないよね。

また、どんな価値観を持っているのか、興味のあること何なのか、といったことは、仕事選びには不可欠。とはいえ、自己分析って、なかなかの難物。よく要領がわからないまま、この作業をやると、ほとんどの人は気が滅入ってしまうだけで成果ゼロ。

そこで、何のために自己分析が必要なのか、具体的にそれはどうやって進めていけばいいのかをみっちり教えてくれるのがこの手のセミナーなんだ。

最近は、グループワークと言って、ただ一方的に講義を聞くだけでなく、参加者同士で与えられた課題をこなしたり、特定のテーマについて意見交換をしながら進めていく形式が取り入れられていることが多い。なので、ひとりでやってもうまくいかなかった人でも、グループワークセミナーに出るとスンナリと自分の強みを発見できるんだ。

東京の学生職業総合支援センターでは、自己理解のステップで8名前後の参加者が力を合わせてひとつの課題に取り組んだり、議論を深めるセミナーを開催している。「ほとんどの人は、自分で自分のことはわからないものなんです。でも、グループワークをやっていくと、ほかの参加者やカウンセラーから、あなたは、こういうところが優れていると指摘されて、自分では気づかなかったことを発見できるんです」（統括主幹）。地元の施設で、そんなセミナーがあったら、尻込みせずぜひ参加してみよう。

2 応募書類のつくり方セミナー

ところで、キミは「応募書類3点セット」って何と何か知ってる？「履歴書と、えーとほかには何かあったかな？」というところで詰まるようでは、まだまだ前途多難だよ。

正解は、「履歴書、職務経歴書、添え状」の3つ。添え状もなしで、封筒に履歴書ポンと入れて送るなんて、アナタそりゃあ相手に失礼ってもんでしょう。

書き方についても、履歴書はフォーマットが決まってるけど、目に見えない掟がいくつかあって、それを守ってないと、まともにみてもらえない。履歴書はクリアホルダーに入れてA4版が入る大きめの封筒で送ると丁寧さをアピールできる。一方の職務経歴書は、決まったフォーマットはないもののアピールしたいことをめだたせるなどの工夫は不可欠。

ちなみに、正社員経験のない人は、職務経歴書の代わりに「自己紹介書」を書いて提出するといいなんて知ってた？

そのへんの基礎から高度なテクまで教えてくれるのがこの手のセミナー。ほとんどが具体的なテクニックの話なので、知ってるだけでライバルたちに差をつけられるよ。

自分じゃあ「こんなもんでいいでしょう」と軽く考えてても、採用側からみると、てんでみる気にならない応募書類は非常に多い。

この手のセミナーでは、採用側の視点をみっちりと教えてくれるから、ホント目からボロボロ、ウロコ落ちること請け合い！　一度受けてみたら、自己流で就職活動やってた頃の自分がいかに大バカモンだったかをきっと痛感するはずだよ。

3 面接の受け方セミナー

就職試験の面接って、誰でも異様に緊張するものだよね。「何とか、面接官にいい印象を持ってもらって合格したい！」という気持ちが強ければ強いほど、本番ではあがってしまって、しどろもどろの受け答えになりがち。

じゃあ、そうならないために、みんな準備をちゃんとやるかというと、これが意外にやらないんだよね。「ぶっつけ本番でいい、何事も当たって砕けろ！」なんて意気込んで出陣したら、本当に粉々に砕けてしまうよ（笑）。

そこで、就職活動を始める前に必ず一度は受講しておきたいのが、面接の受け方について詳しく教えてくれるセミナー。

見た目の印象がどれだけ大事かって理論的なことから始まって、身だしなみの基本、入室から退室までの基本的なマナーはもちろん、具体的な質疑応答のコツまで懇切丁寧に教えてくれるよ。

ただし、講義形式のセミナーだけではいまいち効果は上がらないかも。できれば、模擬面接までやってくれる実践的なセミナーにも参加して、何度も練習しておくのが鉄則中の鉄則。テニスやスキーと同じで、いくら知識を頭にインプットしても、実際に繰り返し練習しないことには上達しないからね。

模擬面接では、ほかの人の面接がみられるのがポイント。「なんで、そんなことまでしないといけないのよ。めんどくさいなぁ」なんて思ってても、他人が失敗しているところをみると「あれじゃあダメだよな。オレも、もっとちゃんとしなきゃあ」って思うはず。何度も練習していくうちに、自然にカラダがシャキッと動くようになるはずだよ。

4 メイクアップ（ファッションチェック）セミナー

女性諸君がぜひマスターしたいのがコレじゃあないかな。

面接は第一印象が大事ってことは、耳にタコなんだけど、その第一印象を演出するためには、やっぱメイクのテクが不可欠。あんましケバいお化粧もできないし、かと言って薄塗りだと、自分が気になるところを修正できなくて、とっても悩むところ。

そこで役に立つのが、メイクのプロがナチュラルで好感度アップのメイクのポイントをズバズバっと教えてくれるセミナー。残念ながら、まだやっているところは少ないけれど、もし地元でやってたら、ぜひ受けておきたいものだね。

また、洋服のコーディネートも即効性アリ。こちらは、男性諸君もおおいに研究したい点で、スーツとネクタイのコーディネートなどを教えてくれるセミナーもある。

メイクは、ジョブカフェいわて、おしごと広場みえ、ジョブカフェこうちで、ファッションチェックは、みやぎジョブカフェなど（イベント）で過去に開催されているよ。

ちなみに、東京ＳＣヤングコーナーの場合、過去に合同説明会の中でカラーコディネーターの先生を呼んで、スーツとネクタイのコーディネートの仕方を教えてくれるセミナーが開催されている。気になる人は、同センターのイベント情報を小まめにチェックしてみて。

5 ビジネスマナー（敬語の使い方）セミナー

フリーターなど、社会経験が浅い人の決定的な弱点がビジネスマナー。特に敬語の使い方なんて言ったら、自分ではできているつもりでも、面接本番になるとボロボロだったりすることはないかな。

敬語って、とっても難しくて、尊敬語と謙譲語がごっちゃになったり、尊敬語と丁寧語がダブルの二重敬語（「お話になられる」とか）になったり、落とし穴がいっぱい。

でも、その点はあまり気にしてもしょうがない。最初から敬語が完璧に使える人なんていないわけで、みんな仕事を経験していくうちに少しずつ覚えていくものだから、キミも就職活動の中で実践的に覚えていけばＯＫ。

面接の受け方とは別に、ビジネスマナーだけを別にしているセミナーを開催しているケースも多いから、基本はそちらでみっちりとマスターしたいもの。「応募の際の電話のかけ方」や「面接中の言葉使い・立ち居振る舞い」などの具体的ケースに絞ったセミナーだったら、即効性は抜群！

「フリーターの方は、ビジネスマナーやコミュニケーションスキルに問題があるケースが多いですが、その点を改善さえすれば、すぐに採用される可能性は非常に高いです」とは前出の学生職業総合支援センター・統括主幹。

さて、以上みてきたようなセミナーも、ただ漠然と受講するだけでは、一所懸命やっているのになかなか内定をもらえないなんてことになりかねない。

そこでセミナーは、次章の前半部分で紹介する、職場見学会や合同面接・説明会、インターンシップなど行動型のプログラムと並行して受講するのがコツ。

セミナーって、受講したときには「なるほど！」ってすごくタメになった気になってるんだけど、しばらく時間がたつとすっかり頭の中から消え去っているもの。

だから、教わったことを時間をあけずにすぐに実践する機会を意識的につくりながらセミナーを受講していったほうが、より身になるんだよ。

もし可能だったら、就職活動がかなり進んでからもう一度ポイントになりそうなセミナーを受講してみるのもいいかもね。まったく同じ内容でも、最初に受けたときには「ふーん」で終わってたことも、さんざん失敗した後だと「そうか、そうすればよかったんだ！」なんて、新たな発見ゾクゾクかもよ。

3章

オプション・サービスはこう活用せよ!

若者ハロワ活用マニュアル応用編

「行動しまくりプログラム」でキメに行く法

面接での失敗
「面接会場には10分前に倒着」か
でももし電車が止まったらアウトだ
面接マニュアル
念のために3時間前に家を出よう
2時間前に着いちゃったな
面接会場
近くで時間をつぶそう
しかしそれでも遅刻!
す、すいません…
時間つぶしにパチンコ入ったら今日に限って大当たりしちゃって…
時間が〜
じゃらじゃら
一体どうしたのよ
いやあそれがさあ
てへっ
あほだこいつ…

準備万端整えて

明日の面接に備えてイメージトレーニング！
顔を上げて背筋伸ばして元気よく受け答えしないと
あっもう一時
早く寝なきゃ
ギン
ギン
目がさえて眠れないよ〜
一睡もできず面接へ
ボリ
ボリ
よろしくおねがいします〜
全然アタマ回んなかった！
サイアク！
絶対落ちるよ
ーと思ったのになぜか合格
え!?
葬儀会場の受付の仕事だからかな
しめやかな態度が好まれたらしい

《3章のストーリー》

志望した企業に入れなかったため、大学卒業後、仕方なく派遣会社に登録したM子。しかし、派遣されるのは客からの電話に対応するコールセンターばかり。短期契約なので、少し慣れたころには新しい職場へ移らないといけない。仕事が途切れることもしばしば。

そこで25歳になったのを機に、どうせ働くんだったら正社員のほうが絶対オトクと、地元のジョブカフェに通って事務職での就職をめざして活動をスタート。

学生時代から成績もよく、生真面目な性格のため、就職支援セミナーは、片っ端から受講。就職に関するマニュアル本は10冊以上読破。キャリアカウンセリングも、週に一度は必ず受けて、カウンセラーから言われたことはすべてクリアしてきたつもり。

なのにいくら就職活動を続けても、なかなか内定をゲットできない。やっぱり、自分は正社員になるのも無理なのかなぁと、最近はすっかり諦めの境地に達してしまった。

学生時代だったら、毎日コツコツと勉強さえすれば、確実に学力はアップして、志望校に受かる確率も高まるんだけど、就職は、いくら知識を頭の中に詰め込んでも、入りたい企業に入れるとは限らない。

それどころか、あまり勉強熱心でない奴が、勢いと要領のよさだけで内定をゲットしちゃうことも日常茶飯事。まったくもって、世の中って不公平だよね。

おそらく、M子さんの場合は、就職支援セミナーにしろキャリアカウンセリングにしろ、とっても真面目に取り組んではいるものの、そこで教わった内容が単に「知識」としてアタマに入っているだけで、いまひとつうまく行動に結び付いていないんじゃあないかな。

たとえば、面接なんかでも、受け答えの基本は知識としてアタマに入っているけれども、本番では、その知識を実践に移せてないのかもしれないね。

就職支援セミナーにしても、個別のカウンセリングにしても、そこで教わったことを知識としてアタマに入れるのではなくて、行動としてスンナリ出るように実践的にトレーニングすることが大切なんだ。

そこで本章では、就職支援サービスの実践的な活用方法を詳しくみていくことにしよう。

自分に合った職業を教えてくれる検査

「事務職志望」で就職活動をしているM子さんの場合は、いまいち自分の「適職」がわかっていないのがうまくいかない原因かもしれないね。

そこで注目したいのが、職業適性診断。質問に答えていくと、回答から自動的にその人の性格や興味対象などを総合的に診断して、ズバリ、キミに合った職業を教えてくれるというスグレモノ。

ジョブカフェをはじめとした若者ハロワはもちろん、一般のハロワでも無料で受けられるので、最初の「自己理解」のところでつまずきそうな人は、ぜひ一度試してみてほしい。

若者ハロワの多くで導入されているのが「キャリア・インサイト」なる検査だ。能力、興味、価値観、行動特性の4要素を診断して、それぞれの特徴に合致する適職リストを表示。また、能力と興味を総合的に解釈した適職リストまで出るばかりか、それらの職種についての詳しい情報をみることができたり、将来のキャリアプランニングを立てるヒントまで提供してくれる。

施設内のパソコンを使ってひとりででき、所要時間はコンパクト版だったら30～40分で終わるよ（フルコースで90～120分）。もちろん、診断結果もその場で出て、印刷もOK。

じゃあ、これさえやれば、スパッと適職が出ると思ったら、そんなカンタンな話でもないらしい。ヤングハロワの指導官がこう話してくれる。

「この結果を参考にして考えていただくためのもので、必ずそこに出た職業につきなさいということではありません。適職の数もたくさん出てきますし、なかには、これから大学に入り直さないとなれない職業も出てきますから、そういう感じの職業が向いているよということで、参考にしていただいております」

というわけで、適性検査は、その結果を元に専門のアドバイザーのカウンセリングを受けてはじめて役に立つものなんだ。自分ひとりじゃあなかなか思いつかなくても、アドバイザーの人と話しているうちに、ガゼンやりたい職業がみえてくるかもしれないからね。

興味と能力のミスマッチを消せ！

東京・学生職業総合支援センターでは、初回にカウンセラーに相談した後、「ＶＰＩ（職業興味検査）」と「ＧＡＴＢ（職業適性検査）」という2種類の検査を続けて受けられるようになっていて、こちらはかなり本格的なんだ。

ＶＰＩは自分はどんな分野に興味があるのかを診断してくれるのに対して、一方のＧＡＴＢでは、知的能力、言語能力、数理能力、手腕の器用さなど、ズバリその人の職業的な能力を診断してくれるもの。就職試験でよく使われるＳＰＩなんかと似たテストというと、イメージしやすいかな（ＳＰＩは能力と性格を総合的に診断）。

でもって、ＶＰＩとＧＡＴＢの両方の診断結果を重ね合わせると「自分が興味が持てて、なおかつ自分の能力を生かせそうな職業」がわかってくるところがポイント。

どんな仕事でも「好き」とか「興味がある」いうだけではダメで、その職業に求められる能力をクリアしてはじめて適性があると言えるわけだから、自分に合った職業はどんな方面かを知るには、この2つをセットにするのは、なかなか理にかなってるね。

ただし、実際にやってみると、自分が興味ある分野は能力が足りなかったり、逆に能力のある分野はあまり興味なかったりするミスマッチが続出するそうだ。

ＶＰＩで出る興味の対象というのは、就職活動をしていくうちにどんどん変わっていくものだから、活動中にいろいろと試行錯誤していって、興味対象と能力のある部分がピタリと合うようになれば理想的らしいよ。

ちなみに、ＶＰＩ、ＧＡＴＢともに、キャリアインサイトのようにその場ですぐにできるわけではなく、何人か志望者が集まったところで実施されるようになっていて、東京の学センの場合、ＶＰＩが週に2回実施、ＧＡＴＢは月2〜3回実施されているよ。

走りながら考えろ！

適性検査&カウンセリングの結果、何となくこんな感じの仕事がいいんじゃあないという方向性がいくつかみえてきたら、「職業理解」のステップに進むべし。

お手軽なところからいけば、施設内に設置されている書籍やビデオを活用すること。ジョブカフェでもヤングハロワ（または併設されているヤングジョブスポット）でも、情報コーナーへ行けば、職業について調べられるガイドブックはもちろん、いろんな職業についている人のインタビューが収録されているビデオもそろっているから、一度その手の資料で興味のある職業について、片っ端から調べてみたらいいよ。

M子さんの場合、一口に事務職と言っても、「一般事務」もあれば、「総務事務」や「経理事務」「営業事務」もあるから、もう少し詳しく職種について調べてみるべき。また、適性検査で出た職種を手掛かりにして、「事務職」以外にもストライクゾーンを広げてみると、もっと興味が持ててなおかつ自分に向いている職種があるかもしれないよ。

おそらく、このへん（興味の持てる職種について調べること）まではみんなやるんだろうね。でも、この段階で止まっていたら、一気にブレイクスルーするのは難しいかも。なぜって、「調べる」という行為は、あくまでも「知識」を身につけるだけで、なかなか行動にはつながりにくいから。インプットする情報が増えれば増えるほど、ますますどれを選んだらいいのかわからなくなって迷うかも。

やっぱ、「コレだよ！　こういう仕事がやりたかったんだよ」って、自分の気持ちのボルテージを高めていくには行動しまくるしかない。

そこで、次に、実践的に行動しながら自分の適職をみつけていく方法を挙げておこう。

ヤル気満ち溢れる人と話せ！

前章で紹介したジョブカフェちばの「トーク・ライブラリー」を覚えているかな。定期的にいろんな業界の担当者に来てもらって、若者たちとぶっちゃけ本音トークするのがあったよね。そういうタイプのプチイベントを開催するジョブカフェが最近増えているんだ。

たとえば、みやぎジョブカフェの「コミュニティーサロン」、沖縄キャリアセンターの「ライブ・カフェ」、ジョブカフェOSAKAの「ジョブ！ジョバ！」なんかがそれ。東京SCヤングコーナーでも「就活トークライブ」なるイベントが月一回開催されているよ。

いずれも大きな会場で行われる合同説明会とは違って、施設の一角でこぢんまりと開催され、その業界の仕事内容が具体的にわかるだけでなく、「仕事のやりがいって何？」とか「企業はどんな人材を求めているの」とか就職活動全般にかかわるテーマで企業の人とヒザを突き合わせて話ができるのがウリ。参加者も10名～20名だから、気軽に参加でき、自分が知りたいことをズバズバッと質問できるよ。

また、ジョブカフェふくいでは、「なるにはセミナー」と言って、いろんな職種で活躍している人に話を聞くセミナーを定期的に開催。テーマは、「デザイン関係の仕事に就くには」から「すし職人になるには」まで、かなり幅広い。

ネットでいくら調べてもヤル気は沸いてこないけれど、企業の第一線でバリバリ働いている人と話をすると、それだけで自分もなぜかメキメキとヤル気が沸いてくること請け合い。そういう意味でも、この手のイベントに参加してみると効果的だよ。

内部事情に詳しい人に聞け！

情報収集しているうちに「こんな業界はどうかな」と興味が持てるものがあったら、その業界で働いている人に直接会って話を聞いてみると、内情がわかっていいかも。といっても、都合よく自分の周りに志望する業界の人がいるとは限らないよね。

そんなときに、役に立つのが前出の学生職業総合支援センターだ。

ココの就職支援プログラムの「業種研究・業界研究」のなかに、「業界別相談」というステップがあって、なんと就職を希望する業界に詳しい専門のアドバイザーに個別相談できるようになっているんだ。

業界の現状や将来性、その業界が求める人材像、自分はその業界に果たして適性があるのか、はたまた、入社後どういう畑を歩むルートがあるのか、さらには、自分はそのなかでどういうふうにキャリアを積んでいけばいいいか——なんてことまでもアドバイスしてくれるというからオドロキ。

このとき、先にやった2つの適性検査の結果を元に相談できるのがポイント。

「興味があるけれども、ご本人の適性があまりない業界や職種の場合、その分野の専門のアドバイザーが『あなたは、こういう面が優れているので、むしろこちらを伸ばしたほうがいい』と方向転換を促すこともあります。それでもご本人がその道に進みたいというのであれば、こういうところに行けばスキルは伸びますよとアドバイスします」（学生職業総合支援センター・統括主幹）

業界別に専門のアドバイザーを取り揃えているのは、おそらく日本でもココだけ。また、東京の学センの場合、個別相談とは別に、広い会場で業界別のガイダンスも開催されている。ジョブカフェでも、業界別に仕事の内容を詳しく教えてくれる業界研究セミナーを定期的に開催していることも多いから、そちらも要チェックだよ。

リアルな現場に足を運べ！

仕事について知りたいと思ったら、あれこれ部屋の中で考えてないで現場をみてみるのがいちばん。というわけで、次に注目したいのが職場見学会。

こちらもジョブカフェの定番メニューで、たとえば、東京SCヤングコーナーで言えば「職を考える！―仕事発見塾―」というプログラムを定期的に開催しているんだ。期間は丸1日。印刷会社、タクシー会社、革靴メーカー、システム開発会社、環境施設メーカー、警備保障会社といった、実にさまざまな業種の企業を訪問して、社員に交じって研修に参加したり、講義を受けたり、業務の一部を体験したりと盛りだくさん。

でもって、このプログラムでは、ただ体験するだけでなく、終了後そこで体験したことをレポートにまとめるのがミソ。「なるほど」で終わるんじゃあなく、現場をみて感じたことを、自分の言葉で表現することで、学んだことをキッチリ整理できるんだ。

もちろん、自分が興味ある業種や職種の会社を訪問できれば言うことないけど、あまり興味のない分野でも実際に出掛けてみると、それまでまったく知らなかった世界をのぞけて、確実に視野が広がるのがメリットかな。

仕事ってどんなことでも、創意工夫を働かせて、目の前の難しい課題をひとつひとつクリアしていくことで、ヤリガイを感じるもの。そんな仕事の楽しさ・おもしろさを肌で感じ取ることができるのが、ネットで調べるのなんかとの根本的な違いなんだよ。

実際に働かせてもらえ！

職場見学会は、あくまでお客さんとして会社を訪問するのに対して、その会社のスタッフとして実際の仕事を体験させてもらうのが、いわゆるインターンシップだ。

就職活動を始める前に、自分の専門分野と直接関連する企業で働いてみることで、その分野に適性があるのかどうかを確認したり、将来のキャリアを考えるきっかけにするためのもので、最近は、就職活動の一貫として、学生が夏休みにインターンシップを経験するのがかなり一般的になってきているよね。

でも、インターンシップは、学生だけに与えられた特権ではない。既卒の若年者に対しても、定期的にそういった機会を提供してくれる若者ハロワが増えているんだ。

期間は、3～5日の短期が比較的多いが、1か月単位で行われる長期のものもある。ただし、どこも原則として無給のうえ、交通費・昼食代も自己負担なのは覚悟すべし。

そう言うと「えっ、タダ働きかよ」と思うかもしれないが、そういう考えが就職を難しくしているのかも。たとえば、M子さんのケースで言えば、もし彼女が「ただの事務じゃあなく、簿記ができて、将来は会社の決算にかかわる仕事がしたい」と思ったとしたら、そういう仕事が体験できるところ（会計事務所など）を紹介してもらうのが近道。

その仕事に自分は適性があるのか、果たして自分でも務まるのか、その仕事はおもしろいのか――は、実際に働いてみるとバッチリわかるし、もし実習先の企業に働きぶりを気にいってもらえば、いきなり正社員として採用になる可能性だってある。

最近は、インターンシップを採用につなげたいとしている企業が増えている（特に期間の長いもの）から、意外なところにチャンスは転がっているんだ。

そうそう、インターンシップは原則給料は出ないけれど、**ジョブカフェこうちのように参加者にはもれなく、「職場体験講習手当」（一日5000円弱）が出る**ところもあるよ。

面接の場数を踏め！

仕事に関する生情報を得るための方法として、もうひとつてっとり早いのは、ズバリ興味のある会社に面接に行くこと。

「ぜひ、ここに入りたい！」という会社がみつからなくても、何となく興味の持てる求人をみつけたら、面接の練習のつもりで出掛けていって、その会社の仕事について質問するべし。そうすると、もやもやっとしていたギモンが一気に解消するかも。

とはいえ、最近は書類選考を通過しないと面接すらしてくれなかったりするから、なかなか思う通りにはいかないのが現実。

そこでおおいに活用したいのが大会場に複数の企業を集めて行われる「合同面接会」。これだったら、書類選考なしでその場へ履歴書持って行きさえすれば誰でもガンガン企業の人と面談できちゃう（予約が必要なこともあるが）。１日に何社も面接できて効率も抜群。

それでいて、ジョブカフェやヤングハロワが主催するものは、**転職者向けの就職フェアとは違って「未経験者を積極的に採用したい」企業を多く集めて行われるから、「何のキャリアもないアタシなんかでも相手してくれるかな」なんて心配**

は一切無用！

また、面接なしで、ただ参加企業が自社について説明する「合同説明会」だと、履歴書不要なのはもちろん、当日はラフな格好でもOKだから、もっと気楽に参加できるよ。

先述したジョブカフェちばの「仕事探しカフェ」はこのタイプ（80名収容会場に十数社参加）で、一通り参加企業の説明が終わった後は、各企業のブースで担当者とのフリートークもアリ。学生時代に就活やったことのある人は、説明会参加の要領はわかってるよね。

逆に、「あんまし大勢集まる場所は苦手だなぁ」という人は、「ミニ面接会」がオススメ。東京・渋谷のヤングハロワでは、こぢんまりとした会議室に2～3社だけ集めて行われるミニ面接会を定期的に開催（月2回）しているよ。

みんなでがんばるグループワーク・セミナー

一所懸命就職活動に取り組んでいるのに、なかなか内定をゲットできない。そんなM子さんのような状況を突破するには、就職活動をひとりでやるんじゃあなくて、仲間をつくってやることも効果的だ。

ジョブカフェの就職支援メニューのなかには、ヤル気のある人だけがグループになって短期集中的にセミナーを受講するタイプのものがあったよね。

1章でも紹介した東京ＳＣヤングコーナーの「就コム」やジョブカフェちばの「必勝倶楽部」なんかがそれ。どちらも、仲間と一緒になって「就職」という目標を達成する、これまでになかった就職支援プログラムで、これが画期的な成果を挙げているんだ。

マンツーマンのカウンセリングが、コーチが伴走してくれてゴールをめざすものだとしたら、こちらは、同じ境遇の仲間が集まってお互いに励ましあいながらゴールをめざすわけで、ひとりだと挫けそうになる苦しい就職活動でも楽しみながら取り組める理想的な環境を提供してくれるんだ。そんなスペシャル・セミナーの中身を詳しく紹介しておこう。

少人数制の就職予備校

まずは東京ＳＣヤングコーナーの「就コム」から。

基本的なところから説明しておくと、定員は14名（希望者が多い場合は2～3名増）と少人数制。年齢構成は、20代がメインだが、10代や30代の人も一部含まれているとか。

「卒業してから事情があってフリーターされてた人、資格試験や公務員試験を受け続けて結果が出ないのでそろそろ何とかしたい人、学生時代に就職活動を思いっきりやらなくてそのまま卒業してしまった人など、いろんな方がいらっしゃいます。年代的には25歳前後がいちばん多いですね」とは、就コム講師のＴ先生（30代前半・女性）

講師の方は、ヤル気ない若者を熱血指導する鬼教官のような人かと思ったら、やさしくゆっくりとした話し方をされる〝おなご先生〟なんだわ。これは意外ですねえ。

そんな担任講師のもと、14～16名のメンバーが週2回（月木と火金の2パターン午後1時から午後4時まで）東京SCで、就職に直接役立つセミナーを受講するのが就コム。

いわば少人数制の就職予備校みたいなもの。期間はトータルで6週間。週2回開催だから合計12回。その約1か月半の期間中に就職めざして、みんなでがんばるわけだ。

大学ゼミ形式のグループワーク

セミナーの形式は、もちろん、グループワーク。毎回担任講師を囲んで、メンバー全員でひとつのワーク（課題）に取り組んだり、ひとりずつ発表したり、みんなで議論したりといった感じで、大学のゼミに近いイメージかな。

ところで、気になるのが参加資格。誰でも入れるの？

「登録された方でしたらどなたでも受講できます。ただ、就コムはすべてグループワークですので、コミュニケーションは苦手でもいいから、自分から積極的にほかのメンバーと議論したり、自分の意見を伝えるようにしようという約束をしたうえで入ってもらっています。苦手でもいいけど、ずうっと苦手なままでいいわけじゃあないというか。そこはまだ抵抗がある方は、まずは個別のカウンセリングや4日間のセミナーなどで自分のペースを大切にしながらやっていただいています」(T先生)

就コムの場合、一月に2～3回募集されているから、思いたったらいつでも参加申し込みできるのがありがたいね。ただし、最近は志望者が増えているため、申し込んでもその回はすでに定員満杯だったりすると、1か月近く待たないと入れないこともあるらしいよ。

じゃあ、いったいどんなふうに進めるのか。聞いてみると、これが奇想天外の連続！

自己紹介なしの初顔合わせ

セミナーでの初顔合わせ。誰もがドキドキするのが大勢の前でする自己紹介。

「あーあ、うまく言えるかな。何て言えばいいかな～」と悩むばかり。

ところが、就コムでは、自己紹介は一切なし。その代わりに行われるのがなんと〝タコ紹介〟。えっ「タコ」って、あの「タコ」？

「まず全員が2人組のペアになってもらいます。それでお互いにインタビューしあって相手のことを聞き出します。そのうえで、みんなの前に2人で出て、自分ではなく、ペアになった相手のことを紹介するのが他己紹介です」(T先生)

なるほど、「自己」じゃあなく「他己」という意味だったのか。いきなり自分のことを話すのは抵抗がある人でも、横にいる人の紹介なら気楽にできる。自分で「私はこんなことが好きな人です」なんて言うのはテレるけれど、「この人は、こんなことが好きなんだって」と言うのならできるよね。

また、とりあえず誰かとペアでワークをこなすことで、ひとりの人と仲良くなれる。それだけで、不安な気持ちは一気にほぐれるのかも。

企業受けする人間に改造なんて…

「みんな、就職活動の目的は何だと思う?」

T先生のそんな問いかけにメンバーの誰かが「内定をもらうこと!」と答える。

「正解!」と言うのかと思ったら、そこでT先生の意外な言葉が…。

「違うよ。自分らしく働ける場所をみつけて、社会で活躍することだよ」

これは、自己分析セミナーでの一コマ。自己分析が大事だってことは、どんなセミナーでもよく強調されることだけど、なぜそれが大事なのかをわかっている人は少ない。そこで、T先生はメンバーにこう語りかけるんだ。

「入ればどこでもいいわけじゃあないよね。自分らしく働けるとこでないと。そのためには、まず自分らしさを知ること。その自分らしさを自覚したら、就職活動ではそれをそのまんま伝えていけばいいんだよ」

そう言われると、必死で自分を企業受けする人間に変えていかなきゃあと気負っていた人も、肩の荷がスーッと軽くなるかも。

「マニュアル本には、すごく立派な自己ピーアールが書いてあるじゃあないですか。それ見て、たいていの子は『そういうの書かなきゃあ』と思うんです。でも、いくら考えても自分にはそんなものは何もない。みんな、そこでヘコんでしまうんですね。でも、いままでがんばってきたことをちゃんと言えればいいんです。失敗があっても、それは悪いことじゃあない。あくまで自分らしくいこうよと。その自分らしさが『いいですね』と言われれば内定につながるし、それが応募した会社に合わなかったら不採用という結果が出るかもしれない。けど、それは決して自分を否定されたわけじゃあないと言っています」

やりたくない仕事を挙げる

ある日のセミナー。T先生は突然、メンバーにこんな突飛な指令を出す。

「みんな、仕事でこれだけはやりたくないと思う仕事をカードに書き出してみて」。しばらくすると、今度は「そのやりたいないことを、やりたくない順番に並べてみて」と言い出す。いったい、何のためにそんなことをするのだろうか。

「いきなりやりたい仕事を探そうよと言っても、現実には難しいでしょう。そこで、価値観や自分の興味を発見するワークをやった後、これは避けたいと思う作業を挙げてもらって、それをやりたくない順番に並べていくワークをやってもらうんです。すると、下のほうに来たのはやってもいいかもという仕事なわけです」とT先生。

そうして残った「やってもいいかも」と思えるもののなかから、自分の特性が活かせそうな仕事はないものかとみつけていくのがこのワークのねらいだとか。

「どんな仕事でもプレッシャーを与えられたり、ストレスがあるのは当たり前ですよね。また、一口に『営業』と言っても、いろんな要素が含まれているものだから、自分はその中のどんな要素なら、がんばっていけるかに気づいてもらうんです」

ちょっと面接官になってみる?

面接では、面接官の目をみて話しましょう。姿勢はよくしましょう。

出席したセミナーで、講師がそんなことを話したらキミはどう思う?

「バカにするなよ。オレだってそんなことくらい知ってるよ」。おそらくみんなそう言うだろうね。でも、それは「知識として知っている」だけで、実践できているかどうかはまったく別な話じゃあないかな。

そこで、役に立つのが模擬面接。就コムでは、面接官役、応募者役、そしてそれを観察する人——の3人一組になって面接のワークを実施。題して「ちょっと面接官の気持ちになってみる」（笑）。

「模擬面接の後、目線をそらせると、何だか自信のない感じがしたよとか、違和感があったよとか、参加者がお互いにフィードバックしあうんです。そうすると、目はちゃんと合わせないといけないんだとか、姿勢はよくしたほうが意欲が伝わるんだといったことが知識としてではなくて、実感としてみんなわかってくるんです」とT先生。

どう？　グループワークっておもしろいもんでしょう。

あなたはこういう人です！

誰もが悩む自己ピーアール。「必ず、具体的なエピソードを交えて書け」とはよく言われることだけれど、いくら考えても「私はこんな人間です」なんて人に誇れることなんて何もない。ましてそれを裏付けるエピソードなんて何ひとつ思いつかない…。

ところが、就コムでは、自己ピーアールは、ひとりではなく2人で考えるというからビックリ！　というのも、他己紹介と同じく、2人ペアになって語り合うことで、自己ピーアールになることをお互いに探し合うワークがあるんだ。

「語り合うというより、片方の人がもう一方の人のことを聞いてあげるんです。それはどんな経験だったのか、そこでどんなことがあったのか、そのときの気持ちはどうだったのか――などをちょっと深く聞いてあげる。そのなかで『こんないいところあるじゃあない』ということを相手にフィードバックしてあげる。すると、指摘されたほうはそれを材料にしながら、『自分の強みはこれです。それはこんな行動をしてきたからです』と書けるものがみつかるんです」(T先生)

交換日記の喜びコメント

折り返し地点の3週間めくらいに突入すると、メンバーも次第に打ち解けてくる。そして、誰とはなしに言い出して、1日のワークが終わってから、みんなでお茶を飲みに行ったり、空き教室で談笑したりといった交流が活発に行われるようになるのがこの頃。

また、自己分析や面接がうまくいかなかった人は、就コムの時間帯以外に、担任の先生に個別でカウンセリングを受けたりと、まるで学生時代に戻ったような生活。

それまで、孤独に就職活動していた人からすれば、毎日、仲間たちと一緒になってワイワイガヤガヤやりながら課題に取り組めるのは、実に新鮮な体験じゃあないのかな。

「毎回、ワークした感想を書いてもらうシートがありまして、それは担任もコメントする交換日記スタイルなんですが、そこにまだ二三回めで『人とかかわることがこんなにも楽しいなんて思いもしませんでした』と書いている子いました」（T先生）
人づきあいが苦手でも、大丈夫なんですね、ココは。

面接恐怖症に負けてたまるかの巻

全員スーツ着用で来る、本格的な模擬面接。今度は担任の先生が面接官になって一対一の本番さながらトーク。そのときの光景は、ドアを開けて部屋に入ってくるところから退室するところまですべてビデオで撮影されて、後で自分の姿をチェックしないといけない。さすがにこのときばかりは、誰もがガチガチに緊張するとか。
「あとで録画したビデオをみるときは、みんなもう目をつむってみています（笑）。もっと自分はイケてると思っていたのに、もっと元気に笑顔で話していたつもりだったのに、ぜんぜんできてなかったと振り返る子が多いですね」（T先生）
なかには、どうしても緊張して、まともに受け答えできない人もいるとか。
「最初の模擬面接を怖くて欠席した子がいたんですが、みんなから『やってみようよ』と励まされて二回めは何とか出席したら、ほんとにちっちゃくなって、ほんとに元気なかったんですね。でも、その子は、そんな自分の姿をビデオでみて『あっ、これじゃあいけない！』と思ったんでしょう。私のところに『個別で指導をしてください』と来たんです。以後週一回練習して、そのたびに『こうしたらいいよ』とアドバイスしたら、それを毎回自宅の鏡の前で練習して、ひとつひとつ課題をクリアしていったんです。そして『もう大丈夫だと思う』と言って、面接に行ったら見事内定をもらいまして、いま元気で働いています」。面接って、練習すればうまくなるスポーツみたいなものなのかもね。

こんな仕事やってみたら？

約1か月が経過して、修了まで残すところあと2週間ともなると、メンバーの誰もが「働くこと」に一歩ずつ近づいていく。企業への電話のかけ方や、メールの書き方などを練習するビジネスマナーのワークをこなしたり、これから応募する求人に合わせて応募書類をブラッシュアップしたり、さらに再度面接の受け答えをチェックしたり。

一方、自己分析に戻って、「自分はこういう特性を生かしたいから、こういう仕事をしたい」ということを改めてみんなの前で発表するワークもある。

「発表したことに対して、仲間から『その考えはいいね』とか『そういうの大事にしたいんだったら、こんな仕事もいいんじゃあない』とかいろんな意見が出ます。この段階でも、まったく自分の特性を生かした仕事がわかっていない子に対しては、いままで一緒にやってきたなかで、『あなたはこういういいところがあるから、こんな仕事に就いたらいいんじゃあない』と助言する場面も。身近な人にこんな仕事している人がいるよとか、お互いに自分の持っている情報を出し合ったりすることもありますね」（T先生）

すでに一度やったことに戻るのは、後退じゃあない。同じことを何度も繰り返しながら、だんだん深めていくのが就コムのスタイルなんだ。

修了証書、寄せ書き、そして取り戻せた自信…

長いようで短かった6週間が経過して、いよいよ最終日。この日ばかりは、いつものようなワークはなし。みんなからテーマを出し合って、それについて1時間ちょっとディスカッションして終わり。そして、担任の先生がひとりひとりについて丁寧にコメントを書いた修了証書が手渡されると、晴れて「卒業」となるんだ。

一方、メンバーたちからも、誰からとなく自然発生的に書かれた寄せ書きが担任に手渡されるというから、これもまるで学校の卒業式みたいだね。

すでに内定をもらっている人もいれば、まだ苦戦している人もいるが、就コムを〝卒業〟してからも、同期のメンバーたちはお互いに連絡を取り合って、交流を続けていくことが多いとか。

このとき、就職できた人もできなかった人も、この数週間のうちに確実に自分に自信を持って前に進めるようになっているのが目に見えてわかるという。

「ほんとに自分に自信のない子が多いんです。なかにはずうっと引きこもってましたという子もいて、とりあえず、ここに来れたこと自体がスゴイねと。そんな人でも、ここに来る勇気と、みんなと話す勇気さえ持ってきてくれれば、何とかなるんです。無理に自分を変えなくてもいい、いまのままで、自分のいいところを出せばいいんだ。そう思ってくれる人が多いのがありがたいですね」とT先生。

そんなに充実した6週間を送れるなんて、就コムに入れた人はほんとしあわせだねえ。

なお、ここでは便宜上「T先生」と書いたけど、就コムでは担任講師を「先生」って呼んじゃあいけないんだって。T先生、いやTさんいわく「何かを教わるんじゃあなくて、一緒に考えていこうという立場だから」だそうだ。とにかく、そんな雰囲気なんです。

2週間で内定ゲットめざす「必勝倶楽部」

お次は、ジョブカフェちばで実施されている「必勝倶楽部」。

こちらは、さすが「元祖・みんなでがんばるセミナー」だけあって、そのプログラムの内容や進め方も、驚くほど実践的なんだ。

定員こそ16名と就コムとほぼ同じだが、修了までの期間は2週間となっていて、就コム（6週間）の3分の1。ただし、前半の週だけは月曜から金曜まで毎日開催されるので、トータルの出席回数は半分くらいだけどね（後半の1週間については、最終日の報告会以外は自由行動）。なお、開催は月2回と、こちらも少し待てばいつでも入れるよ。

で、就コムなんかとの決定的な違いは、ズバリ「2週間以内の内定をめざす」ことが目標として掲げられていること。何たって「必勝」倶楽部だからね（笑）。

したがって、誰でも参加できるわけではなく、それなりの参加条件がある点に注目。「1日1社以上応募する」「方向性が何となく決まっている」「過去1か月で応募経験がある」——といった、ある程度就職活動の準備が整っていて、すでに就職活動モードに突入できている人を対象にしていることが大きな特徴なんだ。

「就職意欲の強い人でないと、参加していただいてもあまり成果があがりませんので、こちらで決めた約束事を守れる人だけが参加してくださいということでやっております」とは、ジョブカフェちば・コーディネーターのHさん（60代男性）。

そう言うと、すごく厳しそうだけど、Hさんご自身は、温厚で面倒見のいい町内会長のようなお方。長年、企業の人事畑で活躍されたご経験を活かして、2004年9月のジョブカフェちば開設と同時に、コーディネーターとして若者たちの就職指導にあたられているんだとか。

なお、就コムは毎回午後1時～午後4時までだったけど、必勝倶楽部は、朝9時～昼12時半の午前開催。余計なお世話だけど、朝ちゃんと起きられないと参加できないよ（笑）。

1分半スピーチの洗礼

初日は、朝8時50分集合。16名のメンバーが初顔合わせということで、一通りオリエンテーションが終わったら、簡単な自己紹介から、と思いきや、いきなり全員にスピーチを課すのが必勝倶楽部流。

「テーマは、ここに参加するまでの自分とか、3年後の自分、これまで苦しかったこと、自己ピーアールなど、回によっていろいろです。時間はひとり1分半。企業の人と話すときには、目を合わせてちゃんと自分の言いたいことを伝えるというのが非常に重要ですので、その練習のためには1分半くらいがちょうどいいんです。このスピーチは、2日め以後も毎朝必ずやってもらいます」（Hさん）

しかし、そんなのはまだまだ序の口。1分半スピーチの後、今度は「2週間でどうしたいのか」を「決意表明書」に書いて、担任講師とコミットメント（誓約）する儀式がある。かと思えば、「前職の仕事体験」または「アルバイト体験」について、紙に書き出して、グループごとに発表するなど、矢継ぎ早にワークが行われる。

「ひとりが話すと、同じグループのメンバーが必ず支援するようにしておりまして、そういうのをやっていくうちに、アイスブレーキングと言うのでしょうか、まるで氷を溶かすように、それまでの硬い雰囲気が一気にほぐれて、なごんできますね」とHさん。

参加者は、22歳くらいから30代半ばまで。そんな年代も異なっていて、まったく初対面の人同士でも、初日から仲良くなり、早くもその日の午後には連れ立って昼食を食べに行くようになるというからまったくもって不思議。

「メンバー同士の交流がとても大事なんです。昼食後に施設に戻ってきて、どこそこで合同面接会があるよとか、あの業界はこうだよとお互いに教え合ったりしていますね」(Hさん)。そうしてフリータイムとなる午後は、「1日1社応募」のルールを堅守するべく、メンバーたちは、求人検索探したり、企業に電話したりと大忙し！

アポ取ったら即日面接へ行け！

緊張の1日が明けて迎える2日めの朝は、きっとメンバーの誰もが重い気持ちになるだろうね。なぜって、2日め以降は毎日必ず、昨日何をやったのか逐一報告させられるから。「実は1社も応募できるところがみつからなくて…」とは言いづらいだろうね。

といっても、「そんなタルんでるんじゃダメだ！ 罰として腕立て100回！」なんて怒られるわけじゃあなくて、うまくいかなかったときには、そのことについてどうしたらいいのか事細かにアドバイスしてくれるのでご安心を（笑）。

「面接のアポが取れなかったとすると、求人の拾い方がまだ狭いんじゃあないのと。よく若い人はネットでしか探しませんなんて言いますけど、それではダメ。幸いこの施設には、独自求人を紹介する求人デスクもありますし、ハローワーク、隣には学生専用端末もありますし、就職情報誌、新聞の求人広告、求人チラシなどもみられるようになっています。うまくいかなかった人には、そう話すとだいぶ視野が広くなるみたいですね」（Hさん）

でも、最近は書類選考して面接する企業が多いから、初日に応募しても、面接して結果が出るまでに2週間が終わってしまうのでは？

「いえ、そんなことないです。ハローワークやうちの独自求人には、事業が拡大するなかで、すぐにでも人が欲しいという中小企業さんが多いですから、そういうケースですと、電話したら『じゃあ、明日面接に来て』とか、なかには、初日の月曜午後に電話してその日の夕方に面接に行くようなケースすらあります」（Hさん）

早いときには、なんと2日めで内定をゲットする（！）ツワモノもいるんだそうだ。就職活動はぐずぐず考えずに、とにかく、いますぐ行動することが大事なのかも。

でもって、昨日の活動報告して終わりではなくて、初日と同じく1分半スピーチもあれば、新しいワークもこなしていかないといけない。

この日のテーマは「採用側の視点を知る」。具体的には、就職情報誌の求人広告を例にとって、その情報の読み方を学ぶそうで、それによって企業は求職者をどうみているのかを知るのがねらい。また、初日に全員が過去に応募した履歴書を持参して講師に提出しているため、この日は、その履歴書に講師が添削して赤を入れた箇所について、懇切丁寧に、レクチャーしてくれるんだとか。

なお、参加者のレベルもいろいろで、2日めに内定をゲットする人がいる一方、なかには企業へ電話もかけられない、自己ピーアールが思い浮かばない、面接になると頭が真っ白になって何もしゃべれない人もいるとか。

2日めにして応募書類の書き方まで終了。みんな息切れしないかなぁ？

社長の立場で採否決定？

3日めになると、早くも面接ノウハウに突入。しかも、この日は、これから受ける会社の求人とそこに提出する予定の履歴書持参と、実戦さながらの舞台を再現した〝お稽古〟なのが「必勝倶楽部」らしいところ。

ワークは、1対3の模擬面接。担任講師とサブ講師の2人が企業側の採用担当者と人事部長に扮し、もうひとり参加する必勝のメンバーがなんと社長役！

「逆の立場から面接をみてもらうんです。そうすると、目を合わせて話ができない、キョロキョロしているような人は、社長の立場からすれば、当然、採用したくないですね（笑）そんなことが身をもってわかるようになるんです」（Hさん）。

なるほど。こんなことも知識じゃあなく、体験として学ぶことのメリットかも。

でもって、3日めは模擬面接をたっぷり、みっちりとやって終わり。もちろん、午後は必死に応募先を探してガンガン応募しまくらないといけない。

ちなみに、ラフな格好でもいいのは初日のみ。担任講師が何も言わなくても、2日めからはほぼ全員がスーツ着用で来るとか。さらに、志望動機欄のみ空欄にした履歴書は常に5通以上用意。施設内でも携帯の電源は常にON（許されている）と臨戦態勢！

自分の知らない自分発見ワーク

ここでふと思ったのが、フツーのセミナーでは真っ先にやる自己分析がなぜか入ってないこと。それはやらないのかなと思ったら、4日めに強力なワークが出てきました。題して「自分の強みを知る」。実は、3日めの最後に、ひとつ宿題が出されるらしく、3枚のシートに、自分の幼少期から小学、中学、高校、大学までで、印象的な出来事として何があったのか、楽しかったこと、苦しかったことなどを細かく思い出して書いて来るようになっているんだ。

で、4日めの当日は、その書いてきたシートの内容を、みんなの前でひとり約8分で発表するのがメインのワーク。

「円形に座りまして、順番に話してもらいます。ここで何をしたいかと言いますと、自分の中に『自分の知らない自分』があるということに気づいてもらうためです。自分がこれまで、強み、セールスポイントはこうだと書いてきた。でも、そうではないかもしれない。そこで、ひとりが話した後に、残っている全員からコメントします。たとえば、キミはこんないいところがあったんだとか、そんな人にやさしく接してきたんだったら、もっと人にかかわる仕事ができるんじゃあないとか、周りからいろんな意見が出ます。すると、自分をピーアルするところが膨らんでくるんですね。自信もつきます。それがねらいです」

こちらもねらいは就コムの自己分析と似ているね。自分をさらけ出して、他人にみてもらうのは、グループワークの醍醐味なんでしょうね、きっと。

ただし、他人に自分史を語るのは、想像以上にたいへんな作業。つらい過去を思い出して、ときには言葉に詰まって中断してしまう場面も。そんな必死な姿を見てると、つい「めげずに、がんばれ！」って、ほかのメンバーも応援したくなるんだろうね。なお、このときほかのメンバーは絶対に「否定的なことは言わない」のがルールだそうだ。

内定獲得第一号ショック！

4日め木曜に自分史のワークをやると、前半の1週間は残すところ金曜のみとなるが、3日め水曜日にやった模擬面接が1日で16名すべてこなせないため、5日めの金曜は、残りの人の模擬面接にあてられる。

したがって、出席しないといけない必勝倶楽部のセミナーは、模擬面接のつづきをやる金曜日が最終日となり、あっという間に前半が終了する。

連日、午前中は中身の濃いワークをこなし、午後からは企業へのアプローチに励む日々が続くと、みなさん、さぞやお疲れではと思いきや、意外にも充実感いっぱいだという。

「初日、2日めまでは、まだ戸惑いや迷いがあるんですが、3日目くらいから、参加者の表情はもうガラリと変わってきますね。就職活動にパッと入っていく真剣さが滲み出てくるというか」とHさん。

何より、この頃になると、そろそろ内定ゲット第一号の人が出始めるため、残ったメンバーたちは「オレも負けてらんない！」という気持ちになるのが大きいらしい。

そして、態度や話し方も目にみえて変わってくる。それもそのはず。毎日の1分半スピーチも含めて、これだけ次から次へと人前で話すトレーニングを積むんだから。そんな機会は、ほとんどの人にとって、はじめての体験じゃあないかな。

おかげで、最初はしどろもどろになって30秒もしゃべれなかった人も、5日めくらいには1分半のスピーチを難なくこなせるようになるというから不思議ですねえ。

「ただスピーチしっぱなしではダメなんです。われわれカウンセラーはもちろん、ほかのメンバーから必ずコメントが出ます。たとえば、『後ろ手でしゃべってる』とか『天井ばかりみている』から始まって『結論からはじめてない』『エピソードを交えてない』などなど。そういう点をひとつひとつ改善していくと、かなりよくなります」（Hさん）

自由活動でも毎日通って情報交換

後半戦となる2週めは、メンバーがそれぞれ自由に取り組む「個人就活」ゾーン。

もはや朝からジョブカフェへ行かなくていいわけで、最初の週の疲れを少し癒してから活動するナマケモノもいるんじゃあないかと思ってしまうが、実際には、そんな人はほとんどいなくて、なぜかメンバーたちは翌週も、毎日通ってくるという。

「担任のところに、いろいろと相談に来ますね。『明日、面接なんですが、こんな自己ピーアールでいいでしょうか』とか、もう一回、応募書類これでいいかみてくださいとか。そんな個別相談が結構多いですから、メインとサブの担任2人だけでは対応しきれなくて、空いているほかのカウンセラーに手伝ってもらっています」（Hさん）。

そして、何より密度の濃いなかでグループワークを体験した人たちは、セミナーがなくても施設に毎日やってきては、お互いに情報交換しあうのだとか。

「あそこに面接行ったら、こうだったよとか、行った会社ではこんなこと聞かれたよとか、仲間たちでよく話し合ってますね。やっぱり、そういう同年配の求職者が体験した話のほうが、カウンセラーの話よりもささるんじゃないでしょうか（笑）。最初の1週間でかなり連帯感も生まれているみたいですし。それに、グループの中で就活が遅いなという人がいたら、ほかのメンバーが昼飯に誘って励ましたりしていますね」（Hさん）

むしろ、自宅で孤独に履歴書書いているほうが耐えられないかも。同じ目標をもってがんばる仲間がいる場所へ自然に足が向くんじゃあないかな。

とにかく、何が何でも「2週間で内定を取る」目標を達成するには、あと1週間応募しまくるしかないわけで、もう、あれこれ迷ったり休んでいる暇はない！

19時スタートの修了式

いよいよ2週間の全課程が終わる最終日。この日だけは、夕方6時から「報告会」が開催されることになっていて、これにはもちろん全員が参加。ひとりひとりが結果を報告したら、内定が出た人も出なかった人も全員に修了書が手渡されるそうだ。

「このときには、すでに1、2名勤め始めてるのがいますが、そういう人は、夜7時でも7時半でもいいから来て、勤めてる会社はこうだよという話をしてくれと言ってます。また、単に結果を報告するんじゃあなくて、面接はどうだったかを詳しく話してもらいます。まだ就活中の人には、それが非常に参考になりますから」とHさん。

必勝倶楽部で知り合ったメンバーは、修了後も定期的に集まって「第○期生同窓会」を開いているケースが多いとか。実は、その点は前出の就コムもまったく同じ。お互いにライバルというよりは、一緒に苦労して戦った「戦友」なのかもしれないね。

さて、気になる就職率は、いったいどれくらいになるんだろうか。

「2週間の期間中では約半数といったところですが、修了後も含めると、最終的には約8割の方は就職が決まります」（Hさん）。

ちなみに、前出の東京SC・就コムの場合は、修了後に決まった人も含めて5割超。それでも、フリーター・ニートなど就職が困難な層を主な対象としているセミナーとしては画期的な数字なのに、さらにそれを大きく越える8割というのは驚異的な数字。

もっとも、必勝倶楽部の場合は、かなり就職活動の準備ができている人だけを対象にしているため、その分だけ就コムより数字が高くなっているという見方もできるんだけど。

いずれにしろ、こうした「みんなでがんばるセミナー」がキャリアの足りない若者の就

●必勝倶楽部のプログラム

1日目 7／3 （月）	1週目月曜日 9：00−12：30	オリエンテーション	・必勝倶楽部を知る ・「働くことについて理解を深める」ワーク ・「自分の課題を知る」ワーク
2日目 7／4 （火）	1週目火曜日 9：00−12：30	採用側の視点を知る	・就職活動報告 ・1分半スピーチ ・「採用側の視点を知る」ワーク
3日目 7／5 （水）	1週目水曜日 9：00−12：30	模擬面接その1	・就職活動報告 ・1分半スピーチ ・模擬面接
4日目 7／6 （木）	1週目木曜日 9：00−12：30	自分の強みを知る	・就職活動報告 ・1分半スピーチ ・「自分史を振り返る」ワーク
5日目 7／7 （金）	1週目金曜日 9：00−12：30	模擬面接その2	・就職活動報告 ・1分半スピーチ ・模擬面接
6日目 7／14 （金）	2週目金曜日 18：00−20：00	報告会	・就職活動報告 ・新たな決意 ・修了書授与

職に絶大な効果があることは間違いない。

幸い、就コムや必勝倶楽部の成功モデルは、いまや全国の若者ハロワが注目していて、それをお手本として、似たようなセミナーを開設するところがゾクゾクと出てきている。なので、キミの地元でもその手のセミナーをやっていないか、一度調べてみて。

4章

プロの知恵を活用して、最後の一押しを成功させよ！

地元ハロワ120％トコトン活用編

「職安」の特別待遇サービスを受ける法

求人オタク
求人
あの人今日も来てる
ほんとだ毎日見かけるよね
熱心にパソコンで求人検索して
プリントした求人票があんなに！
ハローワーク
相談窓口
…でも窓口には来たことないよね
どうしてかしら
これなんかいいなぁ〜〜
引っ越したいと言いながら間取り見て満足するタイプ？
1DK
ここなんかいいなぁ〜
ああ！

社会貢献の理想と現実
最近の若者には社会貢献になるような仕事をしたいという人も多い
求人
世の中の役に立つ仕事がしたいんです
ほう、たとえばどんな？
環境問題に取り組むNPOとか
紛争地帯の難民キャンプ支援に行くNGOとか
勤め先ありませんかね
じゃあ もう少し身近なお年寄りのオムツ替えやお風呂の介助の仕事は？
相談員
えーっ そんなの汚ないし カッコ悪いじゃん
大底の場合こんなもの

《4章のストーリー》

高校卒業後、地元の金属加工会社に入社したものの「仕事がキツイ」と1年もたたないうちに退職したS太。以後「もっとラクして稼げる仕事はないものか」と、サービス業や建設業、製造業などの職を転々としているうちに、気が付いたら30歳目前になっていた。現在は、製造現場の派遣社員として働いているが、社会保険なしの不安定な身分のままだ。

そんなある日、付き合っている彼女に、半分冗談のつもりで「オレと結婚しようか」と言ってみたところ、「仕事変わってばかりいる人と結婚なんてできるわけないでしょ！」とキッパリ断られてしまった。言われてみればまったくその通り。「このままじゃあ、一生結婚もできねえな…」と落ち込むばかり。

こうなったら、もっとパリッとした仕事に就いてやるぞと決意したS太は、勤めていた業務請負会社を退社。すぐに地元のハロワに出掛けてみたが、登録のために求職票という用紙を書くところでつまずいてしまった。希望する職種など何もない彼は、求職票に記入する転職条件さえ思い浮かばなかったのだ。

ちなみに、S太の住んでいる地元から、ジョブカフェに通うには片道2時間もかかる。そんな彼が何とか、うまく就職する方法はないものだろうか。

S太クンのようにコレといってキャリアがない人は、無理してでもジョブカフェなど若者ハロワへ通ったほうが就職の近道と言いたいところだが、現実問題として、通うのに片道2時間かかったうえ、交通費も1日何千円もかかるとしたら、ものすごいイタイよね。最初は無理して通えても、就職活動が長引けば、そのうちだんだん足が遠のくかも。

じゃあ、通うのに便利のいい地元ハロワは、果たしてキャリアのない若者にはまったく使えないところかというのがこの章のテーマ。

ズバリ結論から言えば、地元のハロワでも、ちょっとしたコツを知っていれば、むしろ下手なジョブカフェ（?）なんかよりもずっと便利に活用できるはずなんだ。

なぜならば、**いまハロワでは、国が打ち出している「フリーター常用雇用化政策」のもと、少し前なら信じられないくらいに、若者就職支援に力を入れ始めているから。**

ジョブカフェをメインに活用する人でも、その施設内には必ずハロワが併設されているはずで、そこの機能をうまく使いこなせるかどうかが実はとっても大事なんだ。

ヤングハロワをのぞく若者向け施設（ジョブカフェやヤングジョブスポット）では、求職者と求人者との間に立ってマッチングさせる職業紹介の免許を持っていない（学生職業センター・相談室は職業紹介免許を持っているが、新卒求人に関しては自由応募）。

したがって、就職のためのノウハウは提供するけど、会社に電話して条件を交渉したり、面接のアポを取ったりするのはセルフサービスなんだ。実は、そのセルフサービスの部分までやってくれるのがハロワの強み。

だから、ジョブカフェに通う人も、施設内に併設されているハロワもうまく活用できないと「あと一歩で就職できない」で苦労することになりかねないんだ。

んなわけで、そのあたりのことも含めて、本章では、キャリアのない若者がハロワを活用するノウハウをたっぷりと紹介しちゃうゾ！

「フリーター」だけの特別待遇

まずは、S太クンが地元ハロワに行ったら、真っ先にやらないといけないのが求職登録という手続きだ。ジョブカフェの利用者登録とは少し違っていて、申し込み用紙に、職種や月収、勤務地、休日、勤務時間などについて、自分が希望する条件を細かく書いて提出しないといけない。

だから、S太クンのように「何でもいいから、見栄えのいい仕事」というようなおおざっぱなイメージしか持っていないと、この登録の段階でつまずいちゃうんだよ。

でも、そんなときも、気後れする必要はまったくない。**堂々と「コレ、何て書けばいいのかよくわかんなかったのですが」と言って、住所と名前だけ書いて提出してもOK。**あとは、相談窓口の人と話しながらはっきりさせていけばいいんだから。

でもって、話が前後するが、最初にハロワの受付へ行ったときに、こう言おう。

「フリーターの就職支援をやっているって聞いて来たんですが」

S太クン本人は「オレは、お気楽なフリーターなんかと違うぜ」と言うかもしれないが、コレといって売りになるキャリア（経験）がない点は、これまでアルバイトしかしたことないフリーターの人と同じ。

一般的に転職するときに「売りになるキャリア」というのは、「正社員として3年以上の経験」だ。S太クンの場合は、ずっとフルタイムで働いてきたとはいえ、正社員としてのキャリアは、新卒で勤めた金属加工会社の1年足らずだけ。あとは契約や派遣、社会保険のないアルバイト扱いが多かったため、広い意味で言えば、彼も国が支援対象としている「不安定な就労を繰り返しているフリーター」なんだ。

だったら、最初から「フリーター」として扱ってもらって、手厚くサポートしてもらったほうがダンゼンオトクじゃあないかな。

何が手厚くなるかというと、職業相談。**一般の転職者だと、短いとひとり5分、長くてもひとり当たり10分とか20分くらいしか話を聞いてくれないが、「フリーター」となると、平気でひとり1時間以上も話を聞いてくれるケースもある。**つまり、ハロワで、ジョブカフェの個別カウンセリングと同じサービスを受けられるようになるってワケ。

職業相談窓口の人からすれば「アナタ、フリーターでしょう」とはなかなか言い出せないが、自分からそう言っておけば、相手も余計な気をつかわなくて済むのがポイントだ。その証拠に、都内にあるハロワの窓口担当者がこう話してくれる。

「ご本人から、『私、フリーターなんですが』と言っていただけると、私どもとしても、俄然、お話はしやすくなります。こちらもそのつもりで、じっくりと時間をかけてお世話することができますので」。

役所というのは、何事にも融通がきかない傾向がある反面、国が号令をかけて取り組んでいることについては、猪突猛進で取り組むものだからね。

同じ人に当たる確率は1／3

一般のハロワではどんなふうに、フリーター対策に力を入れているのか。

東京都下にあるハローワーク立川（以下ハロワ立川）を例にその点を詳しくみていこう。

ハロワ立川は、立川市のほか、小金井市、国分寺市、国立市、昭島市など9市を管轄する広域ハロワ。特性としては、都心の23区内などと比べると、独り暮らしよりも、親と同居する若者が多い地域。つまり、安定的な職業に付いていなくても生活に困らないためか、フリーター人口は多いとみられているんだ。

ココの場合、「ヤングコーナー」のような若者専用窓口は設置されていないにもかかわらず、**なんと来所者の約3割が30歳未満の若年者！**「若者はハロワに行かない」なんてのはただのイメージで、最近はみんな結構利用しているんだね。これは意外。

職業相談の窓口は、どんなふうになっているんだろうか。

「担当者制はとっておりませんが、12ある窓口をA～Dまでの4グループに分けて運用しています。ですから、最初に登録されたときにAグループになられた方は、それ以後もAグループでお世話させていただく体制をとっております。1グループ3人ですから、同じ担当者に当たる確率は3分の1です。そのなかでも、特に就職意欲の高い若年者の方に対しては、極力、同じ職員が対応するようにしております」（ハロワ立川職業相談部長）

というように、かなり柔軟な対応を取ってくれるみたい。担当者制だとどうしても完全予約になるから、予約しないで自由に行けるのはいいかもしれないね。

ハロワ流キャリアカウンセリング

じゃあ、ハロワ立川へ行くと、どんなふうに就職のサポートをしてくれるのか。

これまで数多くフリーターの相談に乗ってこられた上席職業指導官（カタイ肩書だね）のOさんに聞いてみた。ちなみに、Oさんは30代前半の時代劇風イケメン。物腰も実に柔らかで、パッとみは、ハロワの職員さんというよりもホテルマンみたい。

「フリーターの方は、まず私どものところに来ていただくことが、すでに正社員へのステップに入っているとお考えいただきたいですね」と、なかなか頼もしいお答え。

「ただ、一回、二回のご相談で、ご本人がヤル気になられてすぐ就職という神様のようなことは難しいです。やはり、何度か足を運んでいただかないと成果は出にくいです。最初は、かなり口の重かった方も、四回、五回と通って来られ、少しずついろんなことをお聞きしているうちに、『こう考えてきました』とか『こんなふうに挑戦してみたい』と、口も滑らかになりますし、表情もだいぶ穏やかになられます」

――キャリアのないフリーターが正社員になるには、平均的にどれくらいかかる？

「そうですね。だいたい3か月から5か月くらいでしょうか。なかには1か月程度で決まる方もいらっしゃいますが、そういう方は例外です。まずは、よくお話をお聞きしておおまかな方向性を決め、求人検索をしながら一緒に履歴書や職務経歴書をつくっていきますと、それだけで3か月近くはかかってしまいますので」

――さんざん時間をかけても、どこも受からなくて、途中で挫折するようなことは？

「私どもとご一緒に時間をかけてやってこられた方は、20社も30社も応募してすべて不採用というケースはあまりないですね。そこまでいく前にだいたい決まります。タイヘンですが、諦めずにひとつずつステップを踏んでいかれると何とかなるものです」

――一回当たりの相談時間は？

「一般的にキャリアカウンセリングは1時間程度が適当と言われておりますので、その範囲内で収めるようにはしております。ただ初回の相談はどなたも時間がかかります。なかには1時間をオーバーして2時間、3時間とかかることも稀にあります」

――志望職種はどうやって決めればいい？

「まったく何をしていいかわからない方の場合は、とにかく掘り下げですね。たとえば、いまの段階で『こんな仕事につきたい』『こんな仕事にはつきたくない』ということを紙に書き出していただく。逆に、学校卒業時に、おぼろげながらでも、こんな方向性を考えていた、あるいは応募した会社名、業種などを思い出せる範囲内で書き出していただいたり。さらに、大学や高校入学時に自分が就きたいと思っていた職業と、なんでそれに就きたいと思ったのか理由まで。そのうえで、いま現在はそれらについてなぜ興味を持たないのかを書き出してもらったり、あるいはお話の中でお聞きしたりしています。そんなことをお話しながら少しずつ整理していくと、次第に方向性はみえてきます」

――そのへんで、若い人が陥りやすい点は？

「適職信仰が強すぎることでしょうか。その職につくには、はっきりとした動機や完璧な理由がないといけないと思われている方が多いように思います。そんなときは、世間では、むしろ『どうしてもこの仕事に就きたい』と思って就かれた方は少なくて、何かちょっとしたきっかけで、たまたまその仕事に就いた方がほとんどなんですよ、なんて話をしますと、『そういうものなんですか』と、だいぶ気が楽になられるようです。

また、仕事というのは何でも、実際に就いてみないとわからない。どんな仕事でも。そのヤリガイや喜びというのは、仕事をしながらみつけていくものなんですよと。そんなこともよく申し上げております」

誰も知らない職務経歴書のツボ

――面接や応募書類の書き方についても、指導してもらえる？

「ええ、もちろん。面接につきましては、こういったことを聞かれると思いますので、それに対して事前にどう答えるのか考えておいてくださいと申し上げております。また、ハローワーク立川もしくは東京都でも、ロールプレイングの面接セミナーを開催していますので、特に意欲の高い方には、そちらをご案内しています。

応募書類につきましては、重要なのが職務経歴書ですね。アルバイトのご経験しかない方ですと、何も書くことがないとお考えになりがちですが、正社員での経験しか書いてはいけないということではありませんので、アルバイトのご経験も書いてもらっています。あるいは、『職務に取り組む姿勢』『仕事を通して身につけた職業能力』なども書けるフリースタイルになっておりますので、そのへんのことを企業さんの目に止まるように書くのもひとつのテクニックです。

事業主さんとしては、どういうつもりでうちの会社に応募されたのか、採用したらどんなふうに仕事をしてくれるのかというヤル気の部分に非常に強い関心を持たれています。ですので、単に何々を何年やってきたというだけでなく、どんなことを心掛けてその仕事をされてきたのか、そこで学んだことは何なのか、ということまで書けるとガラリと印象は変わってきます。そういったことの書き出しのお手伝いをさせていただいているわけです。ご自分で書かれたのを持って来ていだくと、添削もしますし、その前の段階から、これまでにやってこられたことをお聞きして、書き方をアドバイスすることもあります」

地元ハローワーク120%活用術

一般のハロワでも「フリーターです」と一言言うだけで個別のキャリアコンサルティングにかなり力を入れてくれることがわかったかな。話は前後しちゃうけど、「ハローワーク」の基本的な機能とその使い方について、カンタンに整理しておこう。

1 求人検索ができる

求職登録したら、みんなすぐにやってみるのがコレじゃあないかな。ハロワにはどこでも「自己検索機」と呼ばれる求人検索専用のパソコンがダーッと何十台も設置されていて、仕事を探している人は、それを使ってハロワに登録されている求人を検索できるようになっているんだ。

「どうせロクな求人ないんでしょ」と思うかもしれないが、質はともかく、登録されている求人の数は、民間の求人サイトなんか足元にも及ばないくらい多い。日本全国で60～70万件もの中途採用求人のデータが常時登録されているんだから。

でもって、どこのハロワでも地元とその隣接地域の求人を検索できるようになっていて、志望職種や給料などの条件を入力（画面で選択するタッチパネル方式）すると、自分の希望に合った求人が一瞬にして出てくるというわけ。

一般の転職希望者は、いきなりコレから始めるわけなんだけど、まだ志望職種も決まっていないS太クンのような人は、まずは個別にじっくりと職業相談を受けておおまかな方向性が決めるのが先決。そのうえで、ここから再スタートすればいいよ。

2 紹介状を発行してくれる

自分で検索してめぼしい求人をみつけたら、その求人票に書かれた連絡先に連絡して勝手に応募してもいいんだけど、ハロワのシステムとしては、窓口で相談をしたうえでハロワが発行する紹介状を持って応募する企業に面接に行くシステムになっている。

これがいわゆる「職業紹介」と呼ばれるもので、ジョブカフェにはないサービス。

もっとも、最近は、そんなめんどうなことしたくないという人が増えているためか、ハロワでも、窓口で相談せずに紹介状だけ発行してくれる「スピード紹介」（または「クイック紹介」とも呼ばれる）を使う人が多いんだけどね。

「それじゃあ紹介状の意味ないんじゃあないの」と思うかもしれないが、雇用保険の再就職手当等、「ハロワの紹介で就職した」ことが支給要件となっている手当をもらうには、この紹介状を出してもらって応募することが必要なんだ。逆に、企業サイドからしても、日ごろ助成金等でハロワのお世話になっているところでは、紹介状なしの応募は受け付けないケースが意外に多いんだ。

3 面接のアポを取ってくれる

紹介状なんていらねーから、求人検索だけしてあとは自分で勝手に応募するよ。おそらく、ハロワについてよく知らない若者諸君はほとんどがそう思うだろうね。

ところが、そこがハロワの最大の誤解点。これまでみてきたように、窓口で若年者の就職支援をみっちりやってくれるとしたら、自己流で的外れな就職活動を無駄に続けるより、相談窓口を利用してプロのアドバイスを受けながら活動したほうが、ずっと有利。

また、そこまで世話にならない人でも、職業紹介にあたっては、相談窓口の人が、求人を出している企業に電話して面接のアポイントも取ってくれるのがジョブカフェなんかと決定的に違うところ（ジョブカフェは求人みつけたら勝手に応募）。

紹介状を出すにあたっては「こういう人がいるので、面接していただけますか」と窓口の職員が先方に連絡して、キミの都合をあらかじめ聞いたうえで訪問日時を決めてくれるってワケ。

企業に電話するのって、結構キンチョーしてうまくしゃべれなかったりするものだが、それをプロがキミに代わってやってくれるんだから、クチベタな人にとっては、願ってもないサービスかも。もっとも最近は、大半の企業が先に書類選考を実施するので、いきなり面接のチャンスは少ないんだけどね。

ちなみに、ヤングハロワ（またはヤングワークプラザ）は、雰囲気がよくて職業紹介までめんどうみてくれる、いわば「ジョブカフェとハロワのいいとこどり」した施設だよ。

4 企業と交渉してくれる

紹介状を発行してくれるとか、面接のアポを取ってくれるなんてのは、ある意味オマケみたいなもの。実は、求職者サイドからすれば、**職業紹介でいちばん重要なことは、求人企業とキミの間に立って、細かい条件を交渉してくれることにある**んだ。

なんでそんなこと必要なの？ と思うかもしれないが、たとえば、冒頭のS太クンが「コレ、いいじゃん」と思える求人をみつけたが、応募資格として学歴が「大卒以上」となっていたらどうする？ S太クンは高卒だから、フツーは、その時点で諦めるよね。もちろん、自分でその会社に電話して直接交渉してみてもいいんだけど、キッパリ断られたりしたらものすごく気分悪いよね。

そんなときに、窓口にその求人票を持っていって「ココに応募したいんですが学歴が…」と言えば、キミに変わって先方の企業に電話して高卒でも応募できないか交渉してくれる。

「みなさん学歴を非常に気になさいますが、これは意外に大丈夫なことが多いん

ですよ」とは、ハロワ立川の指導官。「もちろん交渉してもダメな場合もありますが、ほかの条件に比べたら交渉の余地はおおいにアリです。」（同）

また、応募資格で「経験1年以上」となっていたら、「未経験」の人は、最初から応募するだけ無駄なのが常識だが、実際には応募可なケースもあるとか。

「応募状況にもよります。すでに20人も30人も応募者がいる場合は、当然経験者が優遇されますから、経験が足りないと交渉してもまず難しいですね。でも、応募者がひとりもいないような場合は、交渉してみると可能性があるかもしれません」（ハロワ立川指導官）

ズバリ**「現在、ハロワ経由で何人応募してますか？」**と聞いてみるのもいいかも。

「求人は、刻々と状況が変わる生き物」なんだそうだ。

求人票のデータからも読み取れるというのは、東京・ヤングハロワの指導官。

「事業所の規模にもよります。従業員数名の企業で経験者を求めていて、なおかつ募集人員も1人とか2人ですと未経験の人はまず難しいでしょう。でも事業所の規模が比較的大きくて、募集人員ももう少し多い場合は、経験に代わるほかの何かをアピールすることで応募できるケースも出てきます。ですからご自分でダメと決めつけずに、入りたいと思った企業の求人票はぜひ窓口に持ってきて相談してほしいですね」

5 求人票の内容を解説してくれる

検索して出た希望の条件に合った企業の求人は、「求人票」という書式に、企業名や事業内容、募集職種、各種条件などが詳しく記入されている。

めぼしい求人がいくつかみつかったら、それらの求人票画面をすべて印刷して、相談窓口に持ってくのがハロワの上手な使い方だ。

このときに求人票の内容をみてもらえるのがハロワの便利なところ。

求人票のデータは、素人がみてもわからないことが実はたくさんある。

たとえば、勤務する場所。会社の所在地が自宅に近いと思って応募しようと思ったら、別に自宅から遠い「就業場所」が明記されていて、入社後はそちらで勤務することになっているようなケースなどはよくありがち。

その点を知らないで、早合点で応募すると、もし採用になったとしても、「遠くてとても通えない」なんてことになるかも。

そのほか、細かい点を言えば、交通費。当然実費支給なんて思っていたら、ちゃんと上限額が設定されていて、上限額を超えた分は自腹切らないといけないことも日常茶飯事。

「こういう状況のところだけど、いいんですかと確認することはよくあります。給料はみるけども、そのほかの細かい条件はみていない人は多いですから。交通費の上限額が低ければ、あまり遠い人は採りたくないということだから無理かもしれないよと、お話をしながら応募する求人をセレクトすることもあります」（東京SC内・U－30指導官）

つい見逃しがちなことも、しっかりチェックしてくれるんだからありがたいね。

6 ヤバイ会社を見分けられる

ハワロに登録されている求人というのは、一言で言えば非常に玉石混淆で、なかなか素晴らしい条件の求人があるかと思えば、入るそばから人が辞めているような〝ブラックリスト企業〟も、地雷のように埋まっているので注意が必要だ（これは、就職情報誌や求人チラシなんかも同じだが）。

でも、その点もちょっとしたコツを知っていれば、〝地雷〟を避けて通ることができるんだけど、それを知っている人はほとんどいない。

そのコツとは、過去の求人履歴を教えてもらうこと。

だいたい入ったそばから人が辞めていくヤバイ会社というのは、短期間のうちに同じ職種の人材を大量に採用しているものだから、過去1年くらいの求人履歴（何回求人出して何人採用したか）をみればヤバイ会社かどうかは一目瞭然。

たまに「それは教えられない」という職員もいるが、だいたいの人は教えてくれるよ。

さらに、入社してからのことも大事。地方の中小企業なんかでは、入ってみたら求人票に書いてあったのと条件が違っていた（社会保険アリと書いてあったのに実際はなかった）なんていうトラブルは日常茶飯事なんだけど、そんなときだって、とりあえずハロワの紹介で入社した場合は、ハロワから会社に対して「おたく、社会保険加入してないらしいけど本当？ すぐに加入手続きとるように」とばかりに、強力に指導してもらうこともできるよ。このへんは、権限を持っている役所ならではの強み。とにかく、使えるものは、何だって使ってやるくらいの貪欲な気持ちでやらないとソンだよ。

地元ハロワ活用術応用編

以上の基本を踏まえたうえで、ハロワの上手な活用方法に迫ってみよう。

地元のハロワでも何から何までめんどうみてくれるとはいえ、いつもいつも長時間相談するのも気がひけるかもしれないね（自分も疲れるし）。

そこで知っておきたいのが、TPOに合わせた相談方法。

東京・渋谷にあるヤングハロワでは、職業相談に3つのコースが用意されていて、このコース分けが参考になるので、一通り紹介しておこう。

まずAコースが職員の人と面談して、履歴書や職務経歴書の書き方を教わったり、面接の受け方などをアドバイスしてもらったりする「じっくりコース」。最初は誰でもここから入るはず。

次に、Bコースは、自分で検索した求人票の会社に電話してもらって面接のアポだけ取ってもらったり、条件面を交渉してもらう「アシストコース」。すでにどんな会社に応募するかは決まっていて、とにかくガンガン応募したいときには、これでも十分だよね。

さらに3つめは、相談なしで紹介状だけ発行してもらう「クイックコース」。時間も手間もかからない代わりに、面接のアポや問い合わせの電話は自分でしないといけない。

ヤングハロワでは、その3つの支援メニューを、そのときどきの状況に合わせて選択できるようになっていて、「今日は急いでるからアシストコースでいいです」とか「今日は、相談したいことがあるのでじっくりコースで」とか、毎回受付で申し出るようなシステムになっているわけ。

一般のハロワでも、基本的な活用法はこれと同じ要領でいいと思うよ。毎回毎回、じっくりコースで相談しなくても、そのつど自分のニーズに合わせて相談スタイルを選択すれば、より効率よく就職活動を進められるってワケ。

もっとも、まだどんな会社に応募していいのかもわからない段階では、アシストとかクイックは使えないので、このワザは、ある程度相談回数を重ねてからになるけどね。

求人検索のためにハロワへ行くな！

不思議なことに、ヤングハロワに来る人のなかには、どのコースも選択しない人が結構いるんだとか。いったいどういうことなんだろうか。

「じっくりコースでも、クイックコースでもなく、また紹介状の発行もされない方、ただ求人をみて帰られるだけという方はすごく多いです」とは、ヤングハロワの指導官。

これが最悪のパターン。なぜって、求人検索するだけなら、わざわざ渋谷まで行く必要はまったくないから。

渋谷のヤングハロワで検索できる求人データは、都内のどこのハロワからでもみられる。さらに言えば、神奈川や千葉、埼玉のハロワからも同じデータにアクセスできるんだ。

唯一、ヤングハロワの求人検索でないとできないことと言ったら、求人検索専用パソコンにキーボードがついていて（一般のハロワはタッチパネル式）、キーワードを入力して検索できることくらいかな。

それだって、**ハローワーク・インターネットサービス（以下、ハロネ）を使えば、24時間いつでも自宅にいながらにしてハロワの登録求人データをキーワードで検索できるよ。**

したがって、ただハロワの求人検索がしたいだけなら、自宅のパソコンでやればいいわけで、自宅にネットにつながったパソコンがない人は近所のネットカフェでも十分に用は足りるよね（多少お金はかかるけど）。

ハロネで検索できる求人票のデータは、簡略化されているので、詳しく知りたいと思ったら、めぼしい求人の整理番号を控えて自宅からいちばん近い地元のハロワへ行くべし。そこで目的の求人票だけ印刷してくればＯＫ（整理番号入力して検索可能）。

紹介状もまったく同じで、それを発行してもらいたいだけだったら、これまた最寄りのハロワへ行くほうがはるかに短時間で済むでしょ（管轄外の求人でも発行してくれる）。

交通費と時間をかけて、ヤングハロワやジョブカフェへ行くからには、地元のハロワにはないセミナーに出席したり、そのほか2章で詳しく紹介したような多彩な就職支援サービスを受けないとあまり意味はないよね（そのついでに検索するのはおおいにアリ）。

冒頭のＳ太クンのケースで言えば、もし地元のハロワで手厚いキャリアカウンセリングが受けられるようだったら、セミナーや各種イベントのみ都心部のジョブカフェへ通えばいい。一通りのことは1週間程度のセミナーで十分にマスターできるからね。

地元ハロワでフリーター支援体制が整っていないようだったら、就職活動のおおまかな方向性を決めるところまで（自己理解～職業理解）だけでも、無理してジョブカフェなどに通い、その後は、地元のハロワで求人検索して職業紹介を受けるのがベター。

志望職種が決まってさえいればそれでもノープロブレム。地元ハロワの職員のほうがより地域の実情に即したアドバイスをしてくれるからね。

そのへんの使い分けをうまくすることがハロワ活用のコツだと思うよ。

ジョブカフェ併設ハロワの使い方

一方、ふだんジョブカフェを中心に就職活動を展開する人にとっても、ハロワをフルに使いこなせることの意味は決して小さくないよ。

ジョブカフェに通っている人は、こっちのほうが何につけても親切で便利なんて思うかもしれないが、目に見えないところで不利な点も結構あるんだ。

何より決定的なのは、ジョブカフェ本体では、原則として職業紹介をしてくれない点。求人検索をしたら、あとは自分勝手に応募するため、アドバイザーがそのつどアドバイスしてくれるとはいえ、内定ゲットまであと一歩のところで足踏みするかも。

たとえば、フリーターの場合は、企業サイドが求める経験が足りないために、どうしても応募できるところが限られてきたり、S太クンのように、そろそろ30歳になってしまう「年長フリーター」は、「29歳まで」とした求人に応募できない（ハロワの求人は原則として年齢制限禁止なんだけど、特別な理由があれば許される）。

先述したように、そのあたりのことは、ハロワの人に先方の企業へ交渉してもらうと、アッサリとクリアできるケースも多い。にもかかわらず、ハロワに足を踏み入れない、または踏み入れても紹介状出してもらうだけの人は、みすみすチャンスを逃しっぱなし。

さらに言えば、ハロワには、後で詳しく解説する「若年トライアル」（3か月の試用期間をへて正社員として採用）なんていう驚くほど効果的な制度があるんだけど、そんな制度の恩恵だって、ちゃんとハロワの窓口で相談していないと一切得られないんだ。

したがって、ジョブカフェに続けて通う人でも、施設内（または隣のビル）にハロワが設置されているはずだから、求人検索をするようになったら、そちらでも必ず職業相談・紹介を受けるように心掛けよう。

僕があちこちみた範囲では、いまのところ、ジョブカフェとそこに併設されているハロワの連携は、なぜかいまいちよくないみたいだから、この点は自分で意識してやらないと誰も教えてくれないかもよ。

自宅でハロワ求人検索できる巨大サイト

求人検索については、ハロネの使い方をマスターすることが効率よく動くコツだ。

ハロネの検索は、検索条件が少しややこしいだけで、何度かやっているうちにマスターできちゃうよ。

入力する条件で必須項目なのは、求職登録の有無、就労形態の2つだけだが、勤務地も入れておかないと全国の求人が出てしまうのでこれも実質的には必須。あとは希望給与、年齢、希望する職業、希望する産業、勤務地の絞り込みなどの条件を入れていくと、その希望に合った求人がズラズラと出てくるわけ。

ハロワの自己検索機と違うところといえば、職種や産業の分類の部分と、検索結果として出る個々の求人データが正式な求人票よりも簡略化されていることくらいかな。

また、ハロネでは原則として、求人を出している企業名まではわからないんだけど、ハロワで求職登録した人に限っては、求職者番号をハロネのトップページに入力することで、大半の求人は企業名まで表示される。なので、めぼしい求人をみつけたら、そこのホームページを探すなりして、すぐにどういう会社なのか調べることができるのが超便利。

したがって、ハロワへ行く前日にハロネで検索しておけば、ハロワの自己検索機でいちいちゼロから検索しなくても、応募したい企業の求人票を整理番号から呼び出して印刷するだけでOK。それを持って相談窓口へゴー！

新規求人データの登録は、なぜかハロネのほうが早いため、この方法を知っていると、常にハロワの自己検索機しか使わない人よりも新鮮な求人にいちはやくアクセスできるメリットもあることを付け加えておこう。

10秒で探せるハロワ検索の裏ワザ

ここでひとつ、誰でもできる求人検索の裏ワザを紹介しておこう。

一般のハロワにある求人検索機は、タッチパネル式でキーボードがないから、キーワード検索ができないのがとっても不便。「そんなの何か役に立つの？」と思うかもしれないが、膨大なデータから自分が欲しい情報だけをゲットするには、キーワード検索が絶大な威力を発揮するんだ。

そこでおおいに活用したいのがハロネ。ハロネは自宅のパソコンで操作するから、キーワード検索なんてお茶の子さいさい！

やり方はいたってカンタン。一通り基本条件を入力した後、「詳細条件入力」をクリックすると、ページの真ん中くらいに、「フリーワード検索すると求人を絞り込めます」という記述があるので、その下のマドにキーワードを入力して検索すればＯＫ。

もし、キミが何やっていいのかわからないときは、興味のあるモノや出来事を一言で表すキーワードをココに入力してみてほしい。

たとえば「ペット」をフリーワード欄に入力して検索すると「ペットショップの店員」とか「ペット用品のルートセールス」とか、とにかくペットに何らかの形で関連した求人が一瞬にしてズラズラと出てくるんだ。スゴイでしょ？

興味のある商品を扱っている会社のほうが、ぜんぜんキョーミのない分野の商品を扱っている会社よりもダンゼン応募意欲が沸いてくるというもの。だから、営業や事務の仕事を探している人でも、取り扱い商品にこだわって会社選びができるって寸法だ。

「未経験応募可」求人も10秒検索！

マスコミ関係の仕事をしたい人は、「編集」とか「出版」を、ウェブデザイナー志望の人は、「ｗｅｂ」とか「ｗｅｂデザイン」（または「ｗｅｂデザイナー」）を入力すればＯＫ。

といっても、その手の専門職はほとんどが「経験者」でないと応募できないので、未経験者でも応募できる求人を探さないと意味ないよね。

ハロネなら、それも可能だ。フリワ欄に、「編集　経験不問」「ｗｅｂデザイナー　未経験可」というふうに入力して検索（「ＯＲ検索」ではなく「ＡＮＤ検索」）するべし。

そうすると、未経験でも応募できる求人がこれまた一瞬にして出てくるというワケ。

圧倒的に登録求人数が多いハロネだからこそできる離れ業。求人データの少ない民間サイトではとてもこうはいかないし、求人広告を毎日目を皿のようにして何か月もチェックするなんて、もうバカらしくてやってられなくなっちゃうだろうね。

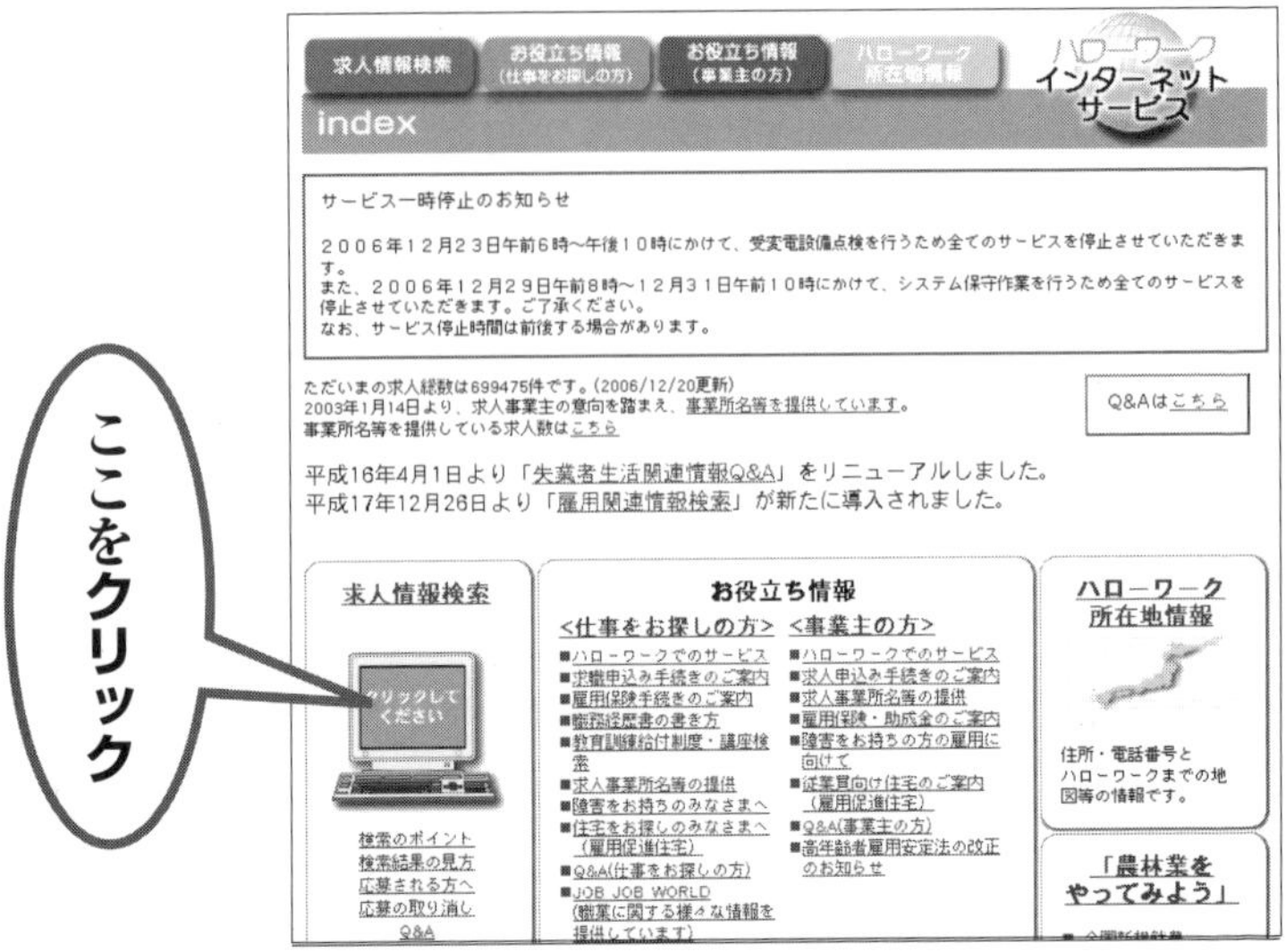

日本全国のハローワークに登録された求人を自宅にいながらにして検索できるハローワーク・インターネットサービス（http://www.hellowork.go.jp/）。「求人情報検索」をクリックして、利用者の区分、就業形態、希望する職業、勤務地などの条件を入力すると、自分の希望にあった求人をみつけることができる。

とにかく、この裏ワザが使えると、おもしろいように自分が希望する条件の仕事を探し出せるんだ。ぜひキミも一度やってみて。

なお、以上のようなハロワ及びハロネの活用方法について、さらに詳しく知りたい方は拙著『ハローワーク150%トコトン活用術』(同文舘出版刊)も本書と併せて参考にしてほしい。「えっ、そんなことまでできちゃうの?」と驚くような裏ワザも満載しているから、かなり参考になるはずだよ。

5章

「働くこと」のリアリティを獲得せよ！

終わりなきニート生活脱出編

人生のどん底から、楽してはい上がる法

◎ジョブカフェのポイント10倍サービス◎

ネットゲーム三昧で昼夜逆転生活…
このままじゃ仕事に就けないダメだダメだ!
よしっ明日こそ早起きしてジョブカフェへ行くぞ
羊が19,878
羊が19,879….
眠れない…
結局午後2時起き…
オレってダメな奴
ジョブカフェ
いやー君だけじゃないよ午後は混むけど午前中はいつもガラガラだよ
そうなんですか
じゃあそのうち「午前中に来ればポイント10倍!」なんてサービスが…
始まらないからね

ラクそうでたいへんなバイト

《5章のストーリー》

2年前、ささいなことがきっかけで突然、高校に行かなくなり、そのまま中退してしまったT志（20歳）。中退後は、バイトをするわけでもなく、ただ自分の部屋にひきこもってオンラインゲームをしたり、漫画を読んだりしてすごす毎日。

そんな息子の姿を毎日目の当たりにした両親は、最初はオロオロしたり、叱ったりしていたが、そのうち何も言わなくなってしまった。

とはいえ、完全に部屋にひきこもっているわけではなく、たまに繁華街へ買い物に出かけることもあり、他人ともごくフツーにコミュニケーションは交わせる。本人も「そろそろ働かないと」と思っていて、ときどきネットで求人検索をしてみるが、いま一歩が踏み出せないでいる。過去に一度も働いた経験がなく、何かやってみようと思っても「どうせオレなんか何やってもダメさ」という思いばかりが募ってくるのであった。

また、高校中退だと不利だから、何とかてっとり早く学歴を改造する方法をネットで調べてみたりもするが、こちらもなかなかいい方法がみつからない。

さて、そんな彼は、いったいどうやったら、いまの生活を脱出できるのだろうか。

なお、彼が住んでいるのは、ジョブカフェのような施設がない小さな街である。

T志クンのいまの状態を世間的にみれば、いわゆる「ニート」ってやつですね。

学校に行かないでバイトもしていない人を十把一からげに表現するには、とっても便利な言葉なんだろうけど、おそらく置かれた状態は人によって千差万別で、とてもひとつの言葉でくくれるような問題じゃあない。

メンタルな部分で病を抱えていて、一朝一夕には元の生活に戻るのが難しい人もいれば、何かのはずみで社会のレールからほんの少し外れてしまっただけで、きっかけさえつかめばすぐにでも元の生活に戻れる人もいるはず。

幸いなことに、T志クンの場合は後者のようだから、若者就職支援が役立つはず。

ひとごとみたいに思っている人も多いかもしれないが、いまちゃんと働けている人も、明日は我が身なんだよ。

僕らの社会生活ってものすごくモロイもので、正社員でバリバリ働いていた人が突然ストレスで会社に行けなくなってしまうことも日常茶飯事。そうなったときに、少し体調が回復すれば、すぐに社会復帰できるかというと、これがそうカンタンな話でもない。

学校または職場というオフィシャルな場所から一度フェイドアウトしてしまうと、どこにも居場所がなくなってしまう。「○○の誰々」という肩書のない人間でいることを日本社会は許さないから、居場所のない人はただでさえストレスで精神的に不安定になるっていうのに、自宅にひきこもったら余計不安定な気分になってしまうんだ。

最後のよりどころは「家族」なんだろうけれど、現実には、親子関係がいちばん複雑でやっかいだったりするものね（笑）。まったくもって困った時代だ。

ニートこそ正社員めざせ

そんな話はさておき、T志クンが明日にでもできることとしては、地元のハロワへ出掛けて行って、職業相談から始めることじゃあないかな。

もちろん、近くにジョブカフェがあったら、そこでもいいけど、遠いとどうしても続けて通うのが難しいから、近くにある施設のほうがベター。

でもって、「とりあえずニートの人は、短時間でできるバイトから始めたほうがいい」とほとんどの人は思うだろうけど、僕は逆に、T志クンのような**社会経験の浅い若者ほど、いきなり正社員をめざしたほうがスムースにいく**んじゃあないかと思うんだ。なぜって、いまやバイトというのは、人が言うほど気楽な稼業じゃあなくなっているから。

求人の多いサービス業のバイトの場合だと、じっくりと時間をかけて戦力になるよう育ててくれるところはあまりないよね。入った日からそれなりの働きを期待される。早い話が、人並みに仕事できなければ一発でクビになっちゃう厳しい世界。

また、短期契約の多い世界だから、少し慣れてきた頃に契約が満了して、またゼロから仕事探しをしないといけないかも。その結果、バイト生活からなかなか抜け出せないフリーターになるだけ。

一方、正社員のほうはどうかというと、バイトよりも長い目でみてもらえる。職場によっては、じっくりと時間をかけて育ててくれるかもしれない。

「バイトより責任は重い」と思うかもしれないが、それは一人前になってからの話で、最初の数か月間は、多少仕事ができなくても大目にみてもらえるところが多い。

そう考えると、T志クンのような人は、なれるかどうかは別として、「とりあえずバイトから始めて」ではなくて、いきなり「正社員めざして就職活動する」のが正解。だって、彼には「若さ」という最大の武器があるんだからさ。それを生かさない手はないよ。

「働くこと」のリアリティー

もうひとつ基本方針としては、正社員として採用してくれるところがみつかりそうだったら、つべこべ言わずに、とにかく働いてみること。もし働いてみてダメだったら、転職すればいいじゃあない。それだけでも一歩も二歩も前進だよ。

こんなこと言うと、プロのキャリアカウンセラーの人に怒られるかもしれないが、自分の興味のあることに関連した仕事をみつけるとか、自分の適性に合った職業を探すとか言っていたら、その適職をみつけ出すだけでも、とてつもなく長い時間がかかるかも。

リアリティーのない思考をいくら続けたところで、堂々巡りになるだけで、一歩も前には進めないでしょ。

地方在住で地元でできる仕事が限られている場合、いくら自分が就きたい職業があっても、その職の求人ニーズがなければ絵に描いたモチ。

自分に合った仕事は、仕事をしながらみつけていくつもりで、とりあえず働いてみる。そこから将来自分がめざすものへステップアップしていけばいいんじゃあないかな。

要は「働くことのリアリティーを獲得すること」が大事なんであって、T志クンがさんざんやってみたリアリティーのない求人検索とか、「どうしたらいまの状態を抜け出せるか」なんていう堂々巡りの考えは、いくら続けたところで、まったく意味がないと思うよ。

地方型ハロワの若者支援

地元ハロワをうまく活用する方法を、フリーター支援はもちろん、ニート支援にもかなり積極的に取り組んでいるハローワーク青梅というところを例にみていこう。

場所は、前章で紹介したハロワ立川と同じく、東京都下。青梅市のほか、羽村市、福生市、あきる野市の四市に、瑞穂町、日の出町、奥多摩町の三町、さらには檜原村の一村を管轄。管轄区域をすべて一周するだけでも1日がかりで、100キロは移動しないといけないという超広域ハロワ。管轄地域の面積は23区とほぼ同じ。

「親と同居している若者が多い」点は、立川と似ているんだけど、都心への通勤に時間がかかるためか、首都圏にありながらも、非常に地元志向が強いのが大きな特徴だ。

「多少、給与などの条件面が落ちても、都心まで時間をかけて電車で通勤するよりも、自宅からクルマで通えるところで探したい人が圧倒的に多いですね。もちろん、地元に限定すると、職種の選択肢の幅が狭くなることは、みなさん最初からある程度覚悟されてます」とは、ハロワ青梅のS次長。

求人倍率は0・5と、東京都内の平均1・6から比べたらかなり見劣りする（いずれも2006年6月現在のデータ）ものの、ほかの地域に比べ、派遣・請負が圧倒的に少ないため、直接雇用の正社員になることは、この数字ほど難しくないとか。

いわば典型的な地方型ハロワとも言えるわけで、フツーに考えたら「こんな田舎（失礼！）じゃあ、たいしたサービスは期待できないな」と思うよね。ところがどっこい、ここがなかなか充実した若者就職支援サービスを提供しているんだ。

待ち時間なしのVIP待遇

職業相談では、立川と同じく「ヤングコーナー」の設置なしで、フリーターも一般と同じ窓口で対応。窓口をA〜Dまで4グループに分けて運用するスタイルも立川と同じだが、青梅の場合は「4人で1グループ」と、同じ人に当たる確率が4分の1（立川は3分の1）になるのが少し違う点。

ただし、「再就職プランナー」（または若年者担当のジョブサポーター）という人が別にいて、希望すれば、毎回同じ担当者がマンツーマンで支援してくれるサービスも受けられるシステムになっているのが大きな特徴だ。

「『個別支援を希望します』という方がいらっしゃると、再就職プランナーにふりまして、プランナーが自分の予約状況をみながら、『じゃあいついつ来てくださいね』ということで支援がスタートします。これは初回に来られたときだけでなく、いつでもこちらに切り替えることは可能です。期間は3か月。その3か月のスパンで、プランナーがその人に合った就職までのプランを立てまして、それをひとつずつこなしていきます。3か月で就職という出口まで至らなかった場合は、さらに1か月延長できます」（S次長）

ハロワ行って、いきなり「個別支援お願いします」というのも、抵抗があるかもしれないが、T志クンのようにカンタンに就職できそうにない人の場合は、最初からこの手のサービスを活用して、プロにめんどうをみてもらったほうが賢明だろうね。

それと、完全予約制だと、相談できる時間がキッチリ決まってオーバーできない反面、ハロワ行ったらいくら混んでても、待ち時間なしのVIP待遇で相談できるのがいいね。

気ままに求人検索は大損！

再就職プランナーの個別支援は、具体的にどんなふうに進めるのだろうか。

「最初は、やはり自己分析のようなものから始めます。職業興味検査もありますので、適宜そちらも活用しながら、適職探しをしたり。あとは、職歴ですね。棚卸しをして、それでおおまかな方向性を決めます。こんな仕事がしたい、あんな仕事がしたい、こういう方向で求人をみていこうとなったら、応募書類の書き方を指導し、面接が決まれば、事前に模擬面接をやって送り出すといった形になると思います」（S次長）

ジョブカフェと比べても遜色ない個別支援サービスを提供しているんだね。

そこまで手厚いサービスなら、さぞや希望者が殺到しているのではと思いきや、若者でこのサービスを希望する人は、いまのところ「あまりいない」んだそうだ。

「若い人は相談するのが嫌いなんでしょう。人とかかわるのがめんどうというか。それよりどんな求人があるのかみてみたいと、パソコンで求人検索されます」とS次長。

そこらへんがキミたちのダメなところだろうね。何事も「自由気ままにできる」のは、気分的にはストレスは少なくてラクな反面、少し努力して成果が出ないと、たちまちヤル気をなくして怠惰な生活に陥りがち。その結果、時間ばかりが経過してますます泥沼にハマりこむだけかも。

そんなことからすると、就職活動は、あらかじめビシッと期限を決めてやることが大事なのはもちろん、他人から無理矢理強制されてでも、決められたプログラムをこなしていくほうが確実に成果は出るんだよ。

「無理矢理強制される」というのは、ちょっと語弊があるが、独りで走っていたらすぐにめげそうになるマラソンも、コーチに伴走してもらって走るほうがずっとラクでしょ。

ちなみに、**再就職支援プランナーに世話してもらった人の就職率は約8割！**

おそらく、独りで気ままに活動して就職できる人って、2割もいないんじゃあないかな。

若者支援の切り札・若年トライアル雇用

ハロワ青梅の若者支援サービスとして、次に注目したいのが「若年者トライアル雇用」（以下「若年トライアル」）という制度専用の合同面接会を定期的に開催している点だ。

「若年トライアル」というのは、ハロワから紹介された企業で、35歳未満の若年者が3か月間だけとりあえず試しに働いてみる制度。で、もし本人も企業もお互いに納得するようだったら、4か月めから正社員として働けるのがポイントだ。

3か月のトライアル期間中は、国から若年者を雇った会社に毎月5万円の助成金が出る

●ハローワーク青梅における若年者トライアル雇用実施状況（2006年6月）

	新規登録者数	紹介件数	トライアル雇用開始者数	トライアル雇用終了者数	トライアル雇用後の結果		
					常用雇用移行	期間満了で終了	トライアル雇用途中で離職
前々月まで	42（15）人	46（17）人	11（1）人	10（2）人	9（2）人	0（0）人	1（0）人
前月	38（8）人	44（11）人	18（7）人	9（5）人	9（5）人	0（0）人	0（0）人
計	80（23）人	90（28）人	29（8）人	19（7）人	18（7）人	0（0）人	1（0）人

（注1）トライアル雇用開始者数は、当該月にトライアル雇用を開始した者の数
（注2）（　）は30歳以上35歳未満の数

3ヵ月のトライアル雇用を終了した人のほとんどは、常用雇用（正社員）に移行していることがわかる。06年5月（「前月」と表示）の場合は、トライアル雇用を終了した9人全員が常用雇用に移行している。その9人のうち30歳以上35歳未満が5人と半数以上を占めていることにも注目。

ため、企業側からすれば、「使えるかどうかわかんないけど、とりあえず試してみるか」と気軽に若者を採用できるのがメリット。

逆に働く若者サイドからしても、これまで「未経験」というだけで門前払いされていたところでもチャンスをもらえるし、実際に働いてみて職場の雰囲気なんかをよくわかったうえで入社できるから、「こんなはずじゃあなかった」という失敗を未然に防げる。もちろんトライアル期間中も給料はもらえるから、途中でリタイヤしても損することはない。

厚生労働省が導入している数ある支援制度のなかでも、ひさびさのクリーンヒットというか、目に見えて劇的な効果をもたらしたもので、ハロワにとっちゃあ、

難しい若年雇用問題を打開する「飛び道具」と呼んでもいいくらい、いまや強力なツールになっているんだ。でもって、そんな制度を活用して採用しようとしている企業だけを集めた合同面接会を、ハロワ青梅では定期的に開催しているわけ。

作業着姿のプレゼンテーション

この面接会がなかなかユニークなんだ。この制度を活用して、正社員として就職したい若者や、若者を採用したい企業の双方からパネリストが出席したセミナーをセットで開催しているところに注目！

「特に参加者から好評だったのは、若年トライアルで就職した人の体験談です。自分はこういう状態だったけど、たまたま就職活動中にトライアル就職フェアで面接し、3か月をへていま正社員として働いているという、自分と同じ年代・境遇の人の実体験の話ですので、求職者からすれば非常に身近に感じられるんでしょう」（S次長）

なるほど。がんばれば自分も就職できるんだということを実感させてくれるということなのかな。でも、そんな大勢の前でスラスラしゃべれる人は、もともと能力があったのでは？　と思いたくもなるけど。

「いいえ、そんなことないんです。前回のトライアル面接会では、地元の小さな内装工事会社に入社した若者にパネリストになっていただいたんですが、ご本人もそれまで人前で話したことがまったくないのでどうしようとおっしゃってまして、自分の状況をそのまま話してくださいということでお願いしました。当日は、作業着姿で訥々とお話しされまして、決して格好いいプレゼンではありませんでしたが、一所懸命に仕事に取り組んでこられたことがひしひしと伝わってくる内容で、それがとてもよかったですね」

一方で、事業主の方は、どんな話をされるのだろうか。

「そのときは、地元の小さな工場の社長さんが話をされまして、そちらもたいへん好評でした。その社長さんは『きれいなこと言わなくていい。ありのままの自分をみせてくれ。履歴書は一字一字丁寧に書いてきたもので気持ちがこもっていればいい』なんていうお話をされまして、こちらも飾りのない非常に誠実な内容でした。セミナーが終わった後に『ぜひ、あの社長さんの元で働きたい』と申し込む若い人まで出まして、むしろ私たち職員が驚いたくらいでしたから」

これだよ！　僕が言いたかった「仕事のリアリティーを獲得する」って。就職活動って、イメージじゃあなくて、やっぱリアリティーが大事なんだね。カッコよくなくても、がむしゃらに何かに対してがんばっている生身の人間が自分の目の前にいる。その人の話を聞くことで、自分もがんばってみようという気になれるものだから。

修了すれば8割が正社員に

ハロワ青梅の「若年トライアル就職フェア」は年3回開催。参加事業所は毎回10社前後で、業種は事務系から介護、製造業など。最近は景気回復を反映してか一部地元の金融機関も参加するようになったとか。

2005年11月に開催されたフェアでは、男性30名、女性7名が参加。冷やかしで参加するような人はほとんどいなくて、みんな、真剣そのものだとか。

「2、3年前までは、ラフな格好で来られる方も多かったのですが、最近はほとんどの方がリクルートルックで来られますね。また、あらかじめ準備されたうえで来られる方が増えているのも最近の傾向で、以前は、合同面接会というとやみくもに面接を受けられる方が多かったのですが、いまは参加企業の一覧からよく調べて、自分が行きたい企業だけに絞って面接を受けられる方が多いです。むしろ中高年のほうが危機感が足りないなと思うくらいで、最近の若者の劇的な変化にわれわれも驚いているところです」(S次長)

みんなそれだけここ数年、就職氷河期の厳しさを身を持って体験したからかな。

ところで、若年トライアル制度を活用して就職できた人は、率にしてどれくらいだと思う? ハロワ青梅の場合、**トライアル雇用終了者のなんと約8割が正社員へ移行し**

ているという。もっとも、東京都全体でも、同じような数字が出ているので、いかに若年トライアルが使えるかってことだけど。

キミももし、就職活動でなかなか成果が出ないようだったら、ぜひこの制度を活用してみて。手続きは、求職登録した後、窓口で申し出て「トライアル登録」するのが先決。そのうえで、トライアル求人を検索して応募すればＯＫ。ハロワによっては、若年トライアル求人だけを綴じたファイルをみせてくれるところもあるよ。

ニートから正社員への道

以上のようなハロワ青梅の支援制度は、Ｔ志クンなんかおおいに活用できそうだね。

まずは、再就職プランナー（またはジョブサポーター）に、自分の状況に合った就職活動プランを立ててもらおう。無理せず、その課題をひとつずつクリアしていけばいい。ひとりの人に続けて相談できると、最初は話しづらくても、次第に何でも気軽に話せるようになるのがいいね。

でもって、このときに大事なのは、２章のジョブカフェのアドバイザーのところでも述べたように、お世話になるハロワの人に気にいってもらうことだ。

といっても、愛嬌ふりまけって言ってるんじゃあなくて、ヤル気をみせろということ。

「就職したい」という意欲があって、一所懸命にやろうとしている人には誰でも本気で応援したくなる一方、いつも投げやりな態度で人の言うこともロクすっぽ聞かないような奴には、あまり力を入れて何かしてあげる気が起こらなくなるもの。

だから、相談の段階から就職活動は始まっているつもりでやったほうがいい。

本格的に活動ができるようになったら、若年トライアル制度をフルに活用して、正社員としての採用を前提した求人にマトを絞ってガンガン応募していくべし。

T志クンのようなニート系の若者だと、応募書類の段階でハネられる可能性が高いから、フツーに就職活動するとたちまち自信をなくしてしまうかもしれないけど、若年トライアル求人だと、「とりあえず面接だけでもしてくださよい」とハロワの人にプッシュしてもらいやすいから、面接のチャンスは増えるはず。

ハロワ青梅のように、若年トライアル専用の合同面接会があればなお可。なぜって、会場へ行きさえすれば、書類選考なしで必ず面接してもらえるからね（笑）。

コーチに伴走してもらうマラソン就活

若年トライアルについては、T志クンのような社会経験がほとんどない人にとって、もうひとつ朗報があることも付け加えておこう。

この制度、ちょっと前までは週30時間以上の就労が適用の条件だったんだけど、そのラインが下げられて、いまは週20時間以上の就労でも適用になるんだ。

つまり、1日4時間週5日勤務でもこの制度の適用になるわけで、まだフルタイム働く自信のない人は、短時間勤務から始めることができるようになっているワケ。

もちろん、その点について、事業所が理解を示してくれることが前提になるけどね。

これは、国がニート対策として打ち出した政策のひとつで、トライアル期間にいきなりフルタイム勤務が難しい人でも若年トライアルを活用できるようにという主旨なんだ。

つまり、この制度をうまく活用すれば、フツーだと「バイトから始めて働く自信をつけてから正員めざしてがんばる」という2つのステップを一度でこなせることになるよね。

本章の冒頭で僕が「いきなり正社員めざしたほうがいい」と言ったのは、こんな制度のこともアタマにあったから。

それから、若年トライアルは、3か月のトライアル期間中も、再就職プランナーやジョブサポーターに相談できるという隠れメリットもあること覚えておこう。

何とか働くところまでこぎつけられても、社会経験の浅い人は、ささいな出来事がきっかけて挫折しやすい。そこで、そんなときには、ハロワの担当者に相談して解決できるようになっているワケ。

ということは、ハロワ青梅のようなところだと、再就職プランナーに3か月の就職支援を受けた後に、3か月のトライアル雇用に入ると、トータルで6か月くらい同じ人にめんどうみてもらえることになるね。

さらに、トライアル経由で採用された人は、正社員として入社後も、イヤなことや困ったことがあったら、いつでもハロワの担当者に相談できる。これはホント心強いよ。とにかく困ったことがあったら、コーチに相談しながら問題を解決していく。そんな理にかなった支援体制になっているんだ。

ハロワで受ける無料心理カウンセリング

さて、T志クンは、そんなところで何とか就職活動を始められると思うが、同じニート生活を送っている人でも、もっと症状が重い人の場合はどうしたらいいのだろうか。

メンタル面で克服すべき課題が多く、就職活動どころではない人もいるはず。

そこまではさすがにめんどうみてくれないと思いきや、これがみてくれるんですね。

まず、入り口として、ハロワ青梅では、毎週水曜と金曜の午後に心理カウンセラーが常駐して、心理的な相談を受け付ける体制を2006年度からスタートしているんだ。

いろんな理由から精神的なダメージを受けて、働けない状態に陥っている人は最近増えているみたいだけど、そういう人もいきなり心療内科へ通院するのも抵抗があるもの。

そんなときに、とりあえず地元の公的機関に自分の悩みを聞いてくれる専門家がいたら、ぜひ一度相談してみたいと思うよね。もちろん無料だから、気軽に行けるでしょ。

完全予約制で、相談時間は一回につきひとり1時間。ハロワだから、相談後のフォローもあるのが特徴で、心理カウンセラーに相談して就職活動に移行できそうだったら、一般の相談窓口ではなく、専任のジョブサポーターがめんどうをみてくれるというからありがたい。逆に、職業相談を受けたジョブサポーターから、すぐに働くのが難しい状態の人は、心理カウンセラーの相談を勧められるルートもあるとか。

あとは、カウンセラーの判断で心療内科に振り向けるべきかどうかの答えが出てくるという流れだ。

果たして、成果のほどは、どうなのだろうか。

「これまで相談した人の3分の1が、相談後に就労に向けた活動へとステップアップしています」（S次長）というからなかなかのもの。

ちなみに、心理的な相談ができる施設は、ハロワに限らず増えているみたい。東京・渋谷のヤングハロワ（原則として週2回）でも以前からやっているのは有名。希望者が多いのでかなり前から予約しないと受けられないけどね。

また、ジョブカフェでも、産業カウンセラーや臨床心理士による相談を受け付けているところが増えていて、ざっと調べただけでも、山形、滋賀、和歌山、香川（しごとプラザ高松）、高知などで実施されているよ。

乱れた生活を改善してくれる若者自立塾

ハロワ青梅では、管轄内にあるＮＰＯが運営する「若者自立塾」という施設と連携して、いわゆるニートに対する就労支援まで行っている点にも注目したい。

具体的には、ハロワ青梅に、若者自立塾の運営者を講師に呼んで、ニートを抱える親を対象としたセミナーを不定期に開催しているんだ。

「最初開催したときには、どれくらい集まるのか心配でしたが、実際にフタを開けてみたら30名ほどの親御さんが参加されまして、講師の方にかなり活発にご質問なさっていました」（Ｓ次長）

「若者自立塾」とは、国が推進しているニート支援事業のひとつで、３か月の合宿形式の生活訓練によって、働くことの意欲と自信を回復させようというもの。実施主体は国が認定した各地の民間団体（ＮＰＯ）で、現在全国に20ヵ所設置されているんだ。

生活訓練とか言うと、コワイところをイメージしがちだけど（笑）、特別厳しいわけではなく、単に乱れた生活を改善するのが主な目的みたい。

自宅で生活していたらいつまでたっても改善できないところを、集団生活の中で、商店や工場での作業や農業などの就労体験をこなしながら、少しずつ生活のペースを取り戻していく感じかな。

ただし、難点なのは結構費用がかかること。施設にもよるんだけど、だいたい3か月で20～30万円くらい。月に直して7～10万円くらいかな。

でも、何かしらいまの生活を抜け出すきっかけが必要だから、いきなりバイトしながら一人暮らしするのが難しいようだったら、そんな方法も検討してみてもいいかも。ちなみに、体験入塾や自宅から通いで訓練を受けることも可能なところもあるそうだよ。

若者自立塾＋ハロワ＝就職

でもって、ハロワ青梅では、若者自立塾の入塾生に対して、就職活動の前の段階における支援まで行っているのがさらなるポイント。

「若者自立塾としても、入ったはいいけど、出口がないと困る、つまり就職の問題が非常にアタマの痛いところのようですね。そこで、3か月めになって卒塾が近くなった人には、うちで月一回開催している一般の若年者向けセミナーに参加してもらっています。5～10名くらいの少人数制で、面接に行く前の心構えとか、履歴書の書き方、面接の受け方、フリートーク形式のグループワークなどですね。3か月めくらいになると、みなさん社会性もかなり出てきますから、『じゃあハローワーク行ってみよう』ということで、抵抗なく参加されます。あとは、就労体験をするにも、受け入れてくれる事業所がないとできませんので、うちとつきあいのある事業所をご紹介したりしています」（S次長）

そうやって、就職活動の一歩手前までこぎつけられればしめたもの。あとは、若年者トライアル雇用につなげていければ、就職というゴールがガゼン近くにみえてくるものね。若者自立塾に関心のある人（または親御さん）は、そういった就職につながるプログラムが用意されているかどうかを詳しくチェックしてみたらいいと思うよ。

就労体験もそうだし、入塾中からハロワでセミナーを受けられたり、その後のサポートがしっかりしていないと、自宅に戻ったら元の木阿弥になってしまう可能性も否定できないよね。

特に、ニートの問題は、「若者自立塾とハロワに加えて、地元の企業も理解を持って参加してくれることが大切」（S次長）なようだから、入塾期間中に、いろんな就労体験をできる場所が用意されているかどうかは結構重要みたいだよ。

ハロワのB・ウィリス

制度的な話が長々と続いたので、このへんで「人」にスポットをあててみよう。

みんな「ハロワの人」って、どんなイメージ抱いている？　何のかんの言ってもしょせんはお役人だから、何事にも対応が事務的で、あんまり親身に相談に乗ってくれるようにはとても思えないという人がまだまだ多いだろうね。

でも、ほかの部署はともかく、職業相談窓口に限って言えば、最近のハロワは、結構親身になって相談に乗ってくれる人もいっぱいいるんだよね。

そんな人に巡り会えれば、キミの人生が変わるかもしれない、ということでハロワのユニークな人を紹介しよう。

「フリーターは、相談すればすぐにでも就職できますよ！　若い人を採用したい受け入れ企業は、もう山ほどあるんですから！」

そう力説するのは、東京・ハローワーク大森で統括職業指導官を務める細田誠さん（50代前半）。

外見は、映画「ダイ・ハード」で有名なブルース・ウィリスにちょっと似た感じかな。そう言うとコワモテみたいだけど、若い人とも気さくに話ができる、ひょうきんなオヤジさんなのよ。

東京でフリーター・ニートの就職支援にかけちゃあ、この人の右に出る人がいないんじゃあないかと思うくらい熱血指導をすることで有名。マスコミにも何度か取り上げられているためか、東京・大森（大田区）のハロワなのに、神奈川や埼玉、千葉からも若者がゾクゾクと相談に来るほどの名物指導官なんだ。

新卒フリーターを救え！

そんな細田さんの活躍ぶりをここで少し披露しておこう。

細田さんが大森に赴任する以前、東京北東部にあるハロワで若年部門を担当したときのこと。当時そのハロワの管轄区域にある高校の内定率は、都内でもワースト1。卒業しても半数近くがフリーターになってしまう「フリーター予備校」も何校かあった。

「上から『何とかせい』と言われましてね。何とかせいと言われてもねえ。困ったなぁ(笑)、とりあえず先生たちと相談しようと学校に出向いてみたんですが、これが反応よくなかったですねえ」

先生たちは「来たって無駄ですよ。本人たちまったくヤル気ないんですから」と、半ばサジを投げている状態。また、教育現場にハロワが介入することに対しても少なからぬ抵抗があったという。

それでも、細田さんが「やるだけやってみましょうよ」と、放課後に時間と場所を設定してもらったところ、「ヤル気のない落ちこぼれたちが来るわけない」という予想を見事裏切り、フタをあけてみると、なんと30数名が出席！

「すでに年明けの1月半ばで、内定を取れなかった生徒たちは、そろそろ就職を諦めかけている時期でした。でも、実際に生徒たちと話してみると『周りがみんなフリーターでいいと言ってるから自分も』と安易に流されてるだけなんですね。丁寧にフリーターのデメリットを説明したら、みんなわかってくれまして。やっぱりフリーターはイヤだと、どんどん応募するようになったんです」

学校に直接来る求人は限られているが、ハロワには求人がたくさんある。

「もうバンバン紹介しましたよ。みんな来たらびっくりしましてね。世の中に求人ってこんなにあるんですかと（笑）」

その結果、就職を半ば諦めていた生徒たちが次々と内定を獲得する結果となったというから不思議。大人がキメ細かくフォローすれば、みんなヤル気を出すんだね。

これをきっかけに、1、2年生対象に職業意識を高めるセミナーを開催したり、ハロワでは前例のなかった学卒者部門と若年者部門を一緒にした「ヤングコーナー」の窓口を設置したりと、細田さんは八面六臂の活躍。

ハロワの夜回り先生

「『みんな渋谷のヤングハローワーク行きなよ』と言っても、行かない。『渋谷は遠いし、怖い』と。『何言ってるの。キミのほうがよっぽとコワイよ』（笑）なんて言ってたんですがね。あそこは大卒が多いから高卒の人は雰囲気的にも行きづらいのかもしれません。それで地元のハローワークにヤングコーナーをつくったんです」

なかでも、抜群の効果を上げたのがバスツアー。「どこ応募したらいいかわからない」という生徒たちのために、管轄内の事業所を1日でいくつも回る見学会を敢行。四の五の言わず、生徒たちにいきなり現場をみせ、希望者にはその場で面接を受けさせた。

すると、それまでまったくヤル気をみせなかった生徒たちの態度は、みるみるうちに変わっていき、背筋をピンと伸ばした姿勢に変わっていったという。

「最初は、学校側からずいぶん反発くらいましてね。授業中にそんなことさせられないと。『授業と本人の就職どっちが大事なんですか！』と随分やりあったものです（笑）」

おかげで、半ばサジを投げていた高校の先生たちも、生徒たちの変化に突き動かされるように熱心に就職指導するようになっていったんだとか。

細田さん自身も驚いたのが、それまでほとんどハロワに縁のなかった若者たちが窓口に「わんさかと」来るようになったこと。

と言っても、最初は入り口でタムロしていて、なかなか中には入ってこない。

「どうしたの？　って声をかけると、『就職したいんだ』と言うんですね。大人たちがいっぱいいて怖いんでしょ。じゃあ、こっち来なよ、とりあえず相談だけしようよと言って、ひっぱってきたりもしました（笑）。でも、ひとり来ると彼らはクチコミでどんどん広がるんですね。誰かがハローワークでめんどうみてくれるよと言うと次々とその友達がやってくる。信じられなかったのが、来る子たち7人のうち1人が高校中退なんです。生活が豊かでない世帯が多い地域でしたから、それも起因しているんでしょう。正社員なると生活保護費が減らされるからフリーターでいいという親すらいるんですから。そういう子たちでも、勇気と自信を与えてあげれば確実に変わってくれます」

若者就職フルサポートの人

そんな若者たちに共通しているのは、「自信のなさ」だと細田さんは言うんだ。

「たとえば、一度1社受けて不採用になると、それから1社応募するにもすごく悩む。受けてまた落ちたらどうしようと。落ちたことばかり考えるんですよ。でも、そんなこと考えてもしょうがないよ。応募できるとこいくらでもあるんだから、とりあえず応募してみたらといつも言ってましたね」

現在のハロワ大森に移っても、窓口でフリーター・ニートの個別相談を精力的にこなす傍ら、自らが講師となって若年者向けセミナーを開催したり、製造業の多い管内の事業所を回る見学会を開催したり、ニートを持つ親を対象にしたセミナーを開催したりと、若者支援に注ぐ力はパワーアップする一方！

「まず若者には、就職支援セミナーに出てもらって、その後に窓口での個別支援につなげます。何やっていいのかわからない子は時間かかりますね。マンツーマンでカウンセリングして方向性を決めたり、それが決まったら一緒に求人をみていったり、応募先が決まったら面接対策をしたり、応募書類を添削していきます」

そのほか、ハロワ大森では、ジョブカフェでよくやっているようなグループワークセミナーも（不定期）開催されているそうなので、近くの人はぜひ一度出掛けてみて。

さて、本章の締めとして、細田さんが若者たちにいつも言っているセリフを以下にまとめてみた。題して「元気が出る細田語録」。キミもこの言葉で元気出してくれえい！

「自分のいいところをみつけてもらえ！」

「若者はどんな子でも、必ずひとつはいいところ持ってますよ。あたしは、**これまで1万人以上の若者と面談してきましたけど、ひとつもいいところをみつけられなかった子なんて1人か2人しかいなかった。**それも、まったくしゃべらなかった子だけ。いまの若い子は叱られていない代わりに、褒められた経験もほとんどないんです。

だから、相談に来た子は、どこかしらいいところみつけてあげて、それを徹底的に褒めるようにしてます。なんだかんだ言っても、わたしらのやってることは、元気づけなんですね。とにかく元気になってもらいたい、そうでないと面接にしてもいい結果は出ませんから」

「現場をみろ！」

「こないだ、若い女の子に『事務やってみたら？』と言ったら『やだ。お茶くみしかしないし、セクハラあるから』というんですね。そんなのキミ、テレビのみすぎだよ（笑）。お茶くみなんて業務のほんの一部だし、セクハラなんていまやったらすぐクビになっちゃうよと言いましたけど。だから、彼らにはとにかく仕事の現場をみてもらわないとダメ。うちの大森管内でも、ＮＡＳＡのロケット部品をつくってるような技術力の高い会社ありますからね。みんな知らないだけ。製造業と若者をくっつける事業所見学会を年に何回か開催してますから、みなさんどしどし参加してほしいですね」

「派遣は何年やっても派遣」

「セミナーでもよく言ってるんですが、派遣社員は何年やっても評価されないよと。社内の調整とか一切やらないで、与えられたことをマニュアルにそってやってるだけでしょ。それでは、いつまでたっても職業能力が身につかないよ。契約社員は、キャリアが足りない人には役立ちます。いきなり正社員が難しい分野だと、まず契約で入るのもひとつの方法。そこで何年か経験を積むと正社員になれる可能性が高まりますからね」

「営業職を経験しろ」

「よく若い子たちに言うのは、若いときに一度営業やっとくと、それが将来必ず役に立つときが来るよと。いろんな人と接して、相手の考えを読む力とかコミュニケーション能力が飛躍的に伸びる。だから、経験のない人にでも、営業職を勧めてるんです。

そう言えば、工業高校の生徒さんでも、やっぱりホワイトカラーがいいなという子も結構いるんですが、学校ではなかなかめんどうみてもらえない。そんな子もハロワに来ると、営業の仕事がいっぱいある。『じゃあ、僕は営業に応募します』という子もいました。工業高校で勉強した知識も役立ちますからいいんじゃあないかと思いますよ」

「確実に入れるところを紹介してもらえ」

「彼らは応募して落ちちゃうと非常に落ち込む。だから、場合によっては確実に入れるところを紹介してあげないといけない。いきなり自分で検索させないで、ある程度こちらでみつくろって、こういうのどう、ああいうのどう、と紹介してあげるんですよ。

フリーターでもニートでもいいよ、という会社を、常に10社くらいは持ってます。この子には、あの社長さんだったらめんどうみてくれるかなと。

先日、事業所見学会を実施した会社なんか、フリーターでもニートでもいいから、とにかくまじめにやってくれる正社員を雇いたいと言ってました。場所がちょっと不便なんですが、新たに印刷工場を設けて、印刷オペレーターと製本オペレーターを10人ずつほしいと。印刷オペレーターといったって、むかしみたいに3K業種じゃあないですよ。いまやボタンひとつで機械がやってくれますからね。それで給料は手取り25万円だから悪くないでしょう。いま従業員は200人。将来300人くらいまで事業拡張していく予定らしいです。それとね、一度就職したら一生その仕事しないといけないわけじゃあないですよ。がんばれば営業とかほかの部署にも移れるんだからと、いつも若い子には言ってます」

「自分に合う相談員を探せ」

「安定所の相談員も、最近は気安く話しができる人間ばかりそろえてますからね。ホント気楽に相談に来てもらいたいですねえ。えっ、指名？　それもできますよ。若い子は予約するのを嫌いますから、予約なしでもいいです。ただ、いないといけないので『朝来る前に、できれば一本電話ちょうだいね』とは言ってますが（笑）。セミナーでいつも言ってるのは、誰かひとり自分に合う人をみつけなよということ。あたしと合わなくても、ほかの人と合うこともあるでしょう。こないだは合わなかったけど、次にいい人に出会えるかもしれないですから」

6章

生活費と技能習得費は国からもらえ！

雇用保険＆職業訓練150％活用編

100万円トクする就職支援の受け方

面接での失敗２

某新聞社の面接
カチャッ
失礼します
ずら〜っ
ひぃぃぃぃっ
怖そうな面接官が7人も！
ビビって受け答えボロボロよ
不採用〜〜
もっと図太くなりたいよ〜〜
うーん面接慣れしすぎるのもどうかと思うよ
私の友だちに図太いのがいてさー
面接の約束をしておきながら平気で延期してくれって電話したんだって
延期ですか？一応理由を伺ってもよろしいですかな
アタ・ク25の予選に出場することになったんです
クイズ番組と就職のどっちが大事なんだってのよ
クイズ番組なんだろうな そういう人は…

修正疑惑
スピード写真で撮ると指名手配犯のような人相になりがち
それじゃ書類選考を突破できないわ！
撮り歩いて映りのいいスピード写真を見つけるわよ
顔色を良くする明るい色の服
姿勢
ベストアングルも研究済みよ
カシャ
しゃんっ
じゃ〜ん
どうだこの美しさ
書類選考通過
選考結果
まっ実力 実力♡
あからさまに
ガッカリ…
君、ずいぶん写真映りがいいんだねえ
りれき書
はあ〜
言っておきますが修正していませんからね

《6章のストーリー》

「次の仕事が決まるまでのつなぎ」のつもりで始めた飲食店でのバイトも、はや4年めに突入してしまったS郎（29歳）。都会の大学を卒業後、一度は故郷に戻って地元の企業に就職したものの不況で事業所が閉鎖になり1年あまりで退職。「いなかじゃあロクな仕事ない」と再度都会に戻って就職活動をしてみたが連戦連敗。仕方なくバイトで食いつないでいるうちに、ただ時間だけが経過してしまったのだ。

あと1か月もすれば30歳の誕生日がやってくるのだが、先日、大学時代の友人の集まりに出てすっかり落ち込んでしまった。みんな愚痴をこぼしながらも、それなりに充実した日々を送っている。なのに自分だけは、いつまでたってもバイトのまま…。

翌朝、新聞を読んでいると、「若者を正社員に採用したい企業が激増」との記事を発見し、再度就職活動をスタートすることを決意。

しかし、バイトで忙しく、自由になれる時間が取れない。かといって、バイト辞めたら翌月から生活に困ってしまう。いったい、彼はどうしたらいまの苦境を抜け出せるのか。

バイト生活の難しさは、足を洗う潮時がなかなかつかめないところじゃあないかな。

何年も同じところに勤めていれば、任される仕事も多くなる。勝手気ままに、勤務シフトを申告することもできない。勢い、就職活動なんてやってるヒマもない。

一方で、やってる方としちゃあ、与えられた役割をキッチリこなすことで、仕事の充実感も感じてるはずだから、S郎クンのように同級生に会う機会でもなければ、「1日も早く正社員として就職したい！」なんていう切実さも、特にないのかもしれないね。

でも、そう思ってるとズルズルとバイト生活が長引くだけだよ。どこかでスッパリと足を洗わないと、トシだけ取ってますます正社員としての就職が難しくなるかも。

要は、バイト辞めて就職活動する期間中の生活費が何とかなればいいわけでしょ。そんなのはいくらでもやりようで何とかなるのよ。

むしろネックになるのは、キャリアがないことかな。25歳前後ならまだ「第二新卒」とみて、キャリアゼロの若者を採用しようという企業も少なくないだろうが、さすがに30歳オーバーになると、企業もそれなりの実務経験を求めたがるもの。

そこを何でカバーするかが難しいところだね。

というわけで、この章では、S郎クンが就職するときに足りない「ゼニ」と「キャリア」の2つの問題を一挙に解決する方法を詳しくみていくことにしよう。

バイトでも雇用保険は入れる

まず、就職活動に専念する期間の生活費、つまりゼニの問題からいこう。

ズバリ結論から言えば、雇用保険を活用するのが賢い方法だ。在職中に保険料を払っている人は、失業しても生活に困らないように一定の給付金をもらえる実にありがたい制度。で、最近はバイトでも、コレに加入するのはかなり一般的になっている。だから、キミもフツーに働いていたら加入しているはず。

加入しているかどうかわからなかったら、給与明細の天引き項目の中に「雇用保険料」がないかどうか調べてみてほしい。それがあれば間違いなく加入している。「いくら見ても税金しか引かれてなかったよ」という場合は、諦めるしかないと言いたいところだが、そんな人もこれから加入してもらえばいい。

そもそも**雇用保険というのは、雇用形態に関係なく、週20時間以上勤務している、すべての労働者は強制加入なんだ**（短期契約の場合は、契約を何度か更新すれば加入義務が生じる）。「でも、現実に入ってないものは、どうしようもない」というのはマチガイ。

加入義務があるにもかかわらず、事業主が加入手続きを怠っていた場合には、いつでも入社日にさかのぼって加入できるようになっている（ただしさかのぼれるのは最長2年）。だから、極端な話、**退職してから加入手続きしてもらっても失業手当はもらえるんだよ。**

S郎クンのケースで言えば、もし加入手続きをしてくれていなかったら、お店の人事担当者に「雇用保険に加入したいんですが」と言うのが先決。

そこで、「バイトは加入できないよ」なんて軽くイナされたら、「週20時間以上勤務は加入できますよ。保険料は、過去2年までさかのぼって払えるらしいですよ」と、さりげなく知識のあるところをみせておこう。それでもいい返事がもらえない場合は、こう畳み掛ければカンペキ。

「詳しいことは、**ハローワークに相談してきますけど、いいですか？**」

未加入という不法行為をハロワにチクられでもしたら、会社としてもとってもやっかいなことになるよね。だから、おそらくテキもこう対処してくるはず。

「わかった。入れるかどうか調べてみて、入れるようだったら手続きしておくよ」

ワルな会社はハロワに指導してもらえ

えっ、それでもまだ加入してくれなかったらどうするかって？　いや、もうそうなったら本当にハロワにチクるしかないでしょう。

会社の住所を管轄するハロワの雇用保険の窓口へ行って「バイト先の会社が雇用保険の加入手続きをしてくれないんです」と泣きつけば、「それは困るね。ウチのほうからちゃんとやるように指導しておこう」となるわけ。

ただし、ハロワに相談に行くときには、勤務条件が詳しく書かれた雇入通知書（または雇用契約書）を持っていかないといけない。加入要件である「週20時間以上勤務」していることを証明するためにコレが必要なんだ。

えっ、そんな書類何ももらっていないって？　もしそうだったら、またふりだしに戻って「僕、雇入通知書ってもらってないんですが」と会社の人事担当者に言うのが先決。

労働条件を明記した書面は、すべての労働者に交付することが義務づけられているから、会社としても「そんなのウチは出さないよ」とは言えません。もし言ったら、また同じように「ハロワに相談に行きますけど」って返せばいい。今度は労働基準法違反だから、労働基準監督署へ駆け込むことだってできる。

そうやって、雇入通知書等をゲットしたら、それ持ってハロワへゴー。

まぁ、そんなにもめるケースはめったになくて、「加入して」と言えば、ほとんどの場合は何の問題もなく加入してくれるはずだよ。

なお、さかのぼって加入した場合、当然過去の保険料も後から請求されることになるけど、たいした額ではない（月1000円前後）ので、その点はあまり心配いらないよ。

どうせ働くなら週30時間以上に

雇用保険に加入さえしていれば、退職した後に失業手当をもらえるわけなんだけど、もちろん誰でももらえるわけではなくて、今度は受給資格をクリアしないといけない。

といっても、難しいことは何もなくて、原則として過去1年間に6か月以上保険料を払っていればＯＫ。雇用保険に加入している会社に、続けて6か月以上勤務していれば文句なしにクリア。3か月しか勤めていない人でも、その前に別の会社で3か月以上保険料を払っていれば、合わせワザで6か月をクリア（過去1年に）していることになるよね。

ただし、ここでひとつだけ〝落とし穴〟になっているのは、週30時間未満勤務の人（短時間労働被保険者）に限って、受給資格をクリアするための期間が、一般被保険者の2倍必要になること。

すなわち、短時間労働被保険者扱いになると「過去2年間のうちに保険料を払った期間が12か月以上」ないと、退職した後に失業手当はもらえないことになるんだ。

したがって、バイトするときは「週30時間以上」の契約で働いたほうがダンゼン有利だってことは、この際にしっかりアタマにたたき込んでおこう。

いずれにしろ、4年も勤めているS郎クンの場合は、いつ辞めても失業手当はもらえることになるね。とにかく週30時間以上の契約で6か月以上勤務（または週20時間以上で1年以上勤務）すると、失業手当がもらえるようになることはしっかりと覚えておこう。

失業したら28万円ももらえる

じゃあ、失業手当って、いくらくらいもらえるものなのか？　それがもうひとつのポイント。ズバリ、もらえる失業手当の額は、在職中にもらっていた給料（税金等が引かれる前の額面額）の5～8割だ。在職時代に給料が安かった人ほど8割に近い額がもらえるようになっているから、安月給の人ほどオトク。

また、もらえる日数も決まっていて、こちらは、勤続年数（保険料を払った期間）が長い人ほど長期間にわたって支給されるしくみ。といっても、勤続10年未満は一律90日なので、必ずしも長く勤めたからといって長期間もらえるわけではない（次々ページ表参照）。したがって、若い人は、退職するまでもらっていた給料の8割を約3か月にわたって支給されると思っていればほぼ間違いない。

例外があるとしたら、会社都合で退職した場合くらいかな。突然会社をリストラされた人については、自分の意志で退職した人よりも失業手当を長くもらえるしくみにもなっているんだけど、ただ、それも実質的には30歳未満は勤続5年以上でないと適用にならないから、20代の人はほとんどこの恩恵には預かれないんだ。

というわけで、S郎クンが月にバイトで12万円稼いでいるとすると、失業手当は、その

●失業手当を1日にいくらもらえる？

①「賃金日額」を求める

賃金日額 ＝ 退職前6カ月の給料の総額（ボーナスをのぞく） ÷ 180

②「基本手当日額」を求める

①で求めた「賃金日額」を〈表A〉にあてはめ、その「給付率」をかけると「基本手当日額」が出ます。ただし、※印のゾーンについては、以下の計算式で正確な「基本手当日額」を出してください。（1円未満の端数は切り捨て）

なお「賃金日額」と「基本手当日額」は〈表B〉のように下限額が定められています。

【※1のケース】

$$Y=(-3W^2+74{,}460W)/77{,}700$$

【※2のケース】

$$Y=(-7W^2+133{,}340W)/130{,}800$$

$$Y=0.05W+4{,}256$$

（上記のいずれかの低いほう）

W＝賃金日額・Y＝基本手当日額

表A

【1】離職時の年齢が30歳未満・65歳以上

	賃金日額	給付率	基本手当日額
	2,080円～ 4,100円	80%	1,664円～3,280円
※1	4,100円～11,870円	80%～50%	3,280円～5,935円
	11,870円～12,790円	50%	5,935円～6,395円
	12,790円～	――	6,395円（上限額）

【2】離職時の年齢が30歳以上45歳未満

	賃金日額	給付率	基本手当日額
	2,080円～ 4,100円	80%	1,664円～3,280円
※1	4,100円～11,870円	80%～50%	3,280円～5,935円
	11,870円～14,200円	50%	5,935円～7,100円
	14,200円～	――	7,100円（上限額）

【3】離職時の年齢が45歳以上60歳未満

	賃金日額	給付率	基本手当日額
	2,080円～ 4,100円	80%	1,664円～3,280円
※1	4,180円～11,870円	80%～50%	3,280円～5,935円
	11,870円～15,620円	50%	5,935円～7,810円
	15,620円～	――	7,810円（上限額）

【4】離職時の年齢が60歳以上65歳未満

	賃金日額	給付率	基本手当日額
	2,080円～ 4,100円	80%	1,664円～3,280円
※2	4,100円～10,640円	80%～45%	3,280円～4,788円
	10,640円～15,130円	45%	4,788円～6,808円
	15,130円～	――	6,808円（上限額）

表B

賃金日額下限額	基本手当日額下限額
2,080円	1,664円

（平成18年8月1日改訂）

●法改正後の所得給付日数

〈自己都合で退職した人〉

年齢＼被保険者期間	10年未満	10年以上20年未満	20年以上
(制限なし)	90日	120日	150日

〈会社都合で退職した人(特定受給資格者)〉

年齢＼被保険者期間	1年未満	1年以上5年未満	5年以上10年未満	10年以上20年未満	20年以上
30歳未満	90日	90日	120日	180日	―
30歳以上35歳未満	90日	90日	180日	210日	240日
35歳以上45歳未満	90日	90日	180日	240日	270日
45歳以上60歳未満	90日	180日	240日	270日	330日
60歳以上65歳未満	90日	150日	180日	210日	240日

〈障害者などの就職困難者〉

年齢＼被保険者期間	1年未満	1年以上
45歳未満	150日	300日
45歳以上65歳未満	150日	360日

(注)平成15年5月1日より、一般被保険者と短時間労働被保険者の所定給付日数が統一された。

※65歳以上は退職理由にかかわらず、被保険者期間が1年未満は30日、1年以上は50日が失業認定後に一時金として支給される。

約８割で月に約９万６０００円かける３か月の合計28万８０００円くらいもらえる計算だね（実際の計算は、１日当たりの手当を出してそれに90日をかける）。

「３か月働かないで、そんなにもらえるの！」ってヌカ喜びするのはまだ早い。

給付制限を消す職業訓練の裏ワザ

失業手当のもうひとつのポイントは、手当を給付される時期。えっ、失業したらすぐもらえるんじゃあないの？　いやいや、残念ながら、すぐには出ないんだよ。

突然会社をリストラされた人は、ハロワで受給手続きをすれば翌月から所定の手当が支給されるので何の問題もない。ところが、自分から辞表を書いて退職した場合は、たとえ退職してすぐにハロワで受給手続きをしても、実際に失業手当が支給されるまで、なんと３か月も待機させられるんだ！

これが悪名高い「給付制限」というやつで、自分勝手に会社を辞めるような奴には「すぐには支給しない」ペナルティーを課すヒドイ制度になっているわけ。

S郎クンのように、バイト辞めたらすぐにでも就職活動に専念したい人にとっては、コレが最大のネックになるかも。無収入期間が３か月も続くとなると、かなり貯金がないと食いつなげないだろうから。

「じゃあダメ」とあきらめてしまったらモトもコもない。ここからが裏ワザの出番。こんなときのために、ぜひマスターしておきたいのが公共職業訓練制度の活用術だ。

公共職業訓練とは、失業してそのままでは就職が難しい人に対して、就職に役立つ知識や技能を習得させてくれる制度のことで、大きく分けて、公立の訓練校に設置されたコースと民間の専門学校に訓練を委託したコースの2種類が用意されているんだ。

でもって、この制度のポイントは、**雇用保険の受給資格を持っている人が公共職業訓練を受講した場合、たとえその人が給付制限を課せられていても、訓練をスタートした日からそれが解除されて、失業手当をすぐにもらえるようになる点**（支給は翌月から）。

ここまで説明すれば、もうどうすればいいかわかるよね（笑）。そう、雇用保険の受給資格をゲットしたら、退職前に公共職業訓練が受講できるようにハロワに申し込んでおく。そうすれば、無収入期間を最短にすることができるってワケ。

「でも、職業訓練校なんてヘンな学校に通うのヤダなぁ」なんて思う人もいるかもしれないが、それはとんでもないゴカイだ。

かつては公立の訓練校で実施されるガテン系のコースばかりだったんだけど、最近は、民間専門学校に委託して実施されるコースも豊富に用意されていて、そのなかには、オフィスで必須になりつつあるパソコンの基本的技能を教えてくれるコースもたくさんある。

もちろん、公的な制度だから費用は一切かからない（ただし教材費は自己負担）。

したがって、S郎クンのようにオフィスワークのキャリアのない人は、この際、パソコン技能を学費タダで（さらに、生活費までめんどうみてくれて）マスターする絶好のチャンス。いまや、どんな仕事をするにしても、パソコン技能は不可欠だからね。

訓練期間は3か月が最も多い。コース内容や実施時期などの募集要項は、地元のハロワへ行くとパンフがおいてあるので、それを一通りもらってきて検討すればOK。

全国の訓練コースを検索できるサイト（求職者向け公共職業訓練コース情報（http://course.ehdo.go.jp/））もあるので、そちらで地域を指定して一括検索をすることもできるよ。

なお、受講者の選抜試験を実施するコースもあるが、短期コースでは、特別な試験はなしの書類選考のみで合否が決まるケースが多いことも付け加えておこう。

訓練受けながら就活生活

訓練期間中は、一応スクールライフだから、残業や休日出勤は一切ないのがフルタイムで働いてとるときと決定的に違うところ。

授業は毎日夕方の4時ころにはキッカリ終わる。それ以降にジョブカフェやハロワに通うことは可能だ（夕方5時までの施設だと難しいが）。土曜日も開庁している施設があったら、毎週土曜日に集中してセミナーを受講することも可能。

それに、修了時期が近づいてきたら、昼間の授業時間中に面接に行くことも比較的カンタンに許可されるので、最後の1か月は結構自由に動けるよ。就職することが目的のスクールだから、当たり前ちゃあ当たり前の話なんだけどね。

何より、コドクに就職活動するよりも、訓練で知り合った仲間たちと一緒に、就職活動に取り組めるのが精神衛生上とてもいいと思うよ。そういう意味じゃあ、職業訓練には、3章で紹介した就コムや必勝倶楽部のようなグループワーク的なメリットもあるんだよ。

もう少しじっくり就職活動に専念する時間がほしいと思う人は、退職前までに多少の貯金をしておき、とりあえず退職後の1か月だけ、自由に活動する方法も当然アリだね。

その1か月の間に就職支援セミナーとかキャリアカウンセリングなどの基本的なことを集中的にこなしておく。そして、2か月めに職業訓練の受講をスタートすれば、そこから3か月間は、特定分野の知識やスキルを習得してパワーアップしつつ、4か月めに一気にキメにいくパターンだ。

1か月の無収入期間ができるのはイタイけど、いきなり訓練生活に入るよりは、多少余裕をもって就職活動ができるのがこの方法のメリット。

さらに、給付制限期間中だけバイトをしながら、手当が支給されるまでつなぐ裏ワザ（普通にやったら不正受給になりかねないので注意）もあるよ。

その手の裏ワザについては、本書の姉妹編でもある『失業保険150％トコトン活用術』（同文舘出版刊）に書いてあるので、詳しくはそちらを参考にしてほしい。

短期間で「実務経験」つくれるコース

さて、ここまでは、就職活動をする期間中の生活費を確保するための公共職業訓練の活用法をみてきたが、今度は、公共職業訓練そのものの活用法をみていくことにしよう。

S郎クンが実際に就職活動をスタートしてみたものの、自分が希望するような企業に採用してもらうのはなかなか難しいことを痛感したとしよう。

どうしてもネックになるのはキャリアと年齢のバランス。

企業としては、30歳前後の人を採用するとしたら、それなりの実務経験を求めたがるものだし、逆に、未経験の人を自社でゼロから育てていくのなら、一歳でも若いほうがいいわけで、そのどちらも売りにならないS郎クンのような人は、いくら本人が有能でも、書類選考の段階で落とされやすいのは確か。

そんなときは、「とりあえず使ってみて判断してよ」とばかりに、前章で紹介した若年トライアル雇用なんかを活用するとガゼン道は開けてくるわけだけど、欲を言えば、企業が採用したくなるような「実務経験もどき」を身につけておくとさらに有利。

そこで次に注目したいのが公共職業訓練の中・長期コースだ。

公共職業訓練には、民間の専門学校に委託された短期訓練コースとは別に、公立の職業訓練校で実施される6か月のコースもあり、実務経験がゼロの人でも、この手のコースを受講することで、就職に必要な知識や技能を効率良く身につけることができるんだ。

さらに、中学または高校の新卒者を対象に特定分野の技術者を養成する1～2年の長期コースもあり、最近は、その手のコースでも「おおむね30歳未満」の若年者なら誰でも応募できるところがほとんど。

いずれにしろ、基本的なことを少しかじっただけでアッという間に修了となってしまう3か月コースと比べれば、はるかに「実務経験」に近いスキルが身につく。

また、この点はあとで詳しく解説するが、なかには全課程を修了するともれなく国家資格がもらえるなんていう信じられないくらいオトクなコースすらあるんだ。

したがって、S郎クンのように「キャリアがない」ために苦戦している人にとっては、これらは、願ってもない制度と言えるかもしれないね。

何しろ、**特定分野のスキルと専門知識を授業料無料で取得させてくれたうえに、雇用保険の受給資格者なら、失業手当だってそれだけ長期間（最長2年）もらい続けることができる**わけで、オトク度は3か月コースよりはるかに高いんだから。

ちなみに、若年者向けの1年以上のコースの場合、学科試験（国語と数学が多い）及び面接によって選抜が行われるのが一般的。といっても、よほどの人気コースでない限り、競争率はあまり高くないけどね。

6か月コースがオトクなワケ

もうすぐ30歳になるS郎クンの場合だと、さすがに1年以上訓練を受けるのは、かなりリスキーだね。これから1年みっちり訓練を受けたとしても、修了時に30歳かるくオーバーでは、少しくらいスキルが身についていてもそれ以上に年齢のハンデが重くなるため、就職はますます厳しくなるだけかも。

したがって、基本的に、1年以上のコースは、20代のうちに修了できることがひとつのめやす。そうでない場合は、修了時に特定の資格が取れるなど、より確実に就職できるようなコースでないと、貴重な時間と労力を無駄にしかねない。

となるとやはり6か月コースが現実的かも。3か月コースでは、基礎的なことをかじっただけで終わってしまうが、6か月もあれば、未経験の人でも一通りのことはマスターできる。実際に、6か月コースでも、就職率が8割を超えていて、1年コースに比べて遜色ないコースもあるくらい。

また、6か月コースまでなら、ハロワの受講指示（訓練期間中に失業手当を支給してもらう場合はハロワの審査をパスしないといけない）も比較的カンタンに出るため、雇用保険の受給資格さえゲットしておけば、延長給付をゲットできる可能性が高い。よって、訓練を受けている間の生活費の心配もない。

ちなみに、これまで原則授業料無料だった公共職業訓練も、数年前から1年以上のコースに限って授業料を有料化（月９０００円前後）する都道府県（埼玉、神奈川など。東京は２００７年４月から有料）が出てきているが、いまのところ６か月コースなら、日本全国どこでも授業料は一切無料！

その点も考慮すれば、Ｓ郎クンの場合６か月コースを活用して、１日も早く経験を積める企業に就職するのが最も賢い選択と言えるだろうね。

ありえない超オトクコース

いざ、公共職業訓練の中・長期コースを活用しようと思ったとき、現実問題として、悩ましいのは、果たして自分が興味の持てる分野のコースがみつかるかどうかだろうね。

６か月以上のコースは、公立の「職業訓練校」で実施されるのがほとんどで、その手のタイプで実施されているコースは、どちらかといえば、オフィス系の分野よりも、体力の必要なガテン系の現場ワークの技能者を養成するように思えるコースが多いため、ほとんんどの人はパンフをチラッとみただけで「ロクなコースない」と判断してしまいがち。

具体的に言えば、建築、機械、金属加工、電気、自動車整備、塗装などの分野がメイン。最近は、介護福祉、情報処理、情報通信なども定番コースになっているんだ。

確かに、ちょっとみはどれも体力が必要なガテン職種ばかりだけど、ひとつひとつの分野を丁寧にみていくと、大半はとんでもないゴカイであることに気づくはず。

コンピュータのシステムエンジニアやプログラマー、ネットワークエンジニアなどを養成する情報処理・情報通信関連のコースは、IT時代には欠かせないスペシャリストを養成するコースだし、むかしながらの機械設計・金属加工の分野にしても、アナログな熟練工ではなく、コンピュータ制御で装置を動かす技術者を養成するコースなんだ。

また、電気関係の1年以上のコースでは、修了と同時に無試験で国家資格取得できるという、信じられないようなオトクなコースすらある。

公立の職業訓練校は、民間の専門学校に比べてピーアールが驚くほど下手クソ。ていうか、あまり派手に宣伝してはいけないことになっているため、自分から積極的に調べない限りそのオトクさはまずわからない。

常識で考えて、学費無料（一部有料だが激安）のうえ、通っている期間中は生活費（失業手当）まで支給してくれて、なおかつ国家資格を無試験でもらえるなんて絶対にありえないでしょう。その「ありえない」ことが可能なのが職業訓練校のスゴイところなんだ。

国家資格が無試験で取れる穴場コース

一例として紹介したいのが「第二種電気工事士」が無試験で取得できるコースだ。

何の知識もないと「電気工事なんかしたくない」ってスルーしちゃうんだけど、この資格を持っていると、工事なんて一切しないビル管理会社に就職するときに圧倒的に有利。オフィスビルや商業施設の管理を担当している会社では、施設内の電気に関する設備をメンテナンスするスタッフは不可欠なわけで、それができる第二種電気工事士の資格者は結構根強いニーズがあるんだよね。

この資格を取るには、難しい国家試験を合格しないといけないんだけど、経済産業省が認定したスクール（1年以上の課程）の生徒に限っては、全課程を修了するともれなくこの資格がもらえるのがミソ。

民間の専門学校の電気科のほか、公立職業訓練校の電気関係のコースもその認定校になっているわけだけど、となると、さぞや志望者が殺到して競争率も高くなっているのではと思いきや、これがとんでもなくノーマーク的存在なんだよ！

たとえば、大阪・東大阪市にある東大阪高等職業技術専門校の電気施工科（1年）の場合、第二種電気工事士の認定コースであるにもかかわらず、ここ数年定員割れが続いている。同校のＯＢで現在はビル管理会社に勤務するナカジさん（26歳）がこう話す。

「定員は30名なんですが、平成18年度は17名、平成17年度は15名と低迷をつづけています。試験で何名かは落としているみたいですが、そもそも受験する人数自体が圧倒的に少ない。このままでは、教員数が削られたり、課自体が廃止になるのではと心配しています」

したがって、基礎的な学力さえあれば、合格する可能性が高いわけで、これから資格を取って就職につなげたい人にとっては、願ってもない穴場コースと言えるかも。

いずれにしろ、Ｓ郎クンのように修了時に30歳オーバーの人でも、１年で確実に国家資格が取れてそれが就職に役立つようだったら、おおいに検討の余地アリ。

このほかにも、職業訓練校のなかには、一般に知られていない超大穴コースが目白押し。なお、その手のオトクなコース案内については、拙著『無料専門学校１５０％トコトン活用術』に詳しく書いたので、興味のある人はぜひそちらも本書と併せて参考にしてね。

社会復帰へのリハビリテーション

次に、雇用保険の受給資格なしで公共職業訓練を受講するパターンを考えてみよう。

失業手当をもらいながら通うためには、最短でも6か月以上働いて受給資格をゲットしたり、ハロワの審査（受講指示）とか、そのほかもろもろの雇用保険受給者に課せられるルールを考えながら動かないといけない。これが結構めんどう。その点、受給資格のない人は、ややこしいこと一切考えずに、めぼしいコースを探して申し込めばいいだけ。

一部1年以上のコースになると、授業料が若干（月９０００円くらい）かかる地方もあるが、まだまだ完全無料の地方も多い。したがって、誰でも気軽に通える。

特に、ニート系の人たちには、公立の訓練校がオススメ。

仕事をする前の段階として、生活習慣から改善するためには、若者自立塾のような専門の施設を利用するというのもひとつの選択肢ではあるけれど、結構費用もかかるし、いきなりそういう専門の施設に入るのも心理的に抵抗がある人も多いはず。

かといって、同じ環境で生活していたのでは、なかなか生活改善はできない。そんなときには、公立職業訓練校の6か月以上のコースに通うのが社会復帰への近道になるはず。

とりあえず朝起きて出掛けて行く場所があり、そこには年代はさまざまでも、自分と同じような境遇の仲間がいて、なおかつ就職という共通目標に向かってがんばれる環境が整っている――という意味では、これ以上の居場所はないだろうね。

「訓練」という名前はついているけれど、特別厳しい指導をするわけではなく、中身は実習や演習の多い専門学校というだけ。学生時代と同じように、目の前の課題をコツコツとこなしていくことで、日々の充実感が味わえるし、何よりもう孤独感に悩まされず、訓練校で知り合った仲間と楽しく過ごせることが大きい。

一度社会に出たら、人間関係には常に損得がつきまとうものだけど、訓練生同士は、一緒にかんばれる仲間だから、損得抜きで付き合える。入ってくる人たちは苦労人が多いから、なかなか味わい深い人間関係が築ける。卒業生たちがみんなが口をそろえて言うのは「訓練校に行ったおかげで、一生付き合える仲間ができた」ということ。

タダでそんな体験ができるところって、いまやどこを探してもほかにはないんじゃあないかな。もちろん、特定分野のスキルを身につければ就職に役立つのは言うまでもない。

伝統技能がタダで学べる「職人塾」

職業訓練は、実習や演習が豊富で、より実地に即した知識や技能が学べるのが大きなメリットだけど、それが実際にどれくらい威力を持つかはコース次第。欲を言えば、訓練を始めたら、それがそのまま就職に直結するようになっているようなコースを選びたいものだよね。

そこで紹介したいのが「職人塾」という制度だ。

東京都が２００５年度から始めた制度で、訓練校に通うのではなく、いきなり事業所で仕事を体験してしまうインターンシップ（職場実習）制度のこと。それも昔ながらのモノづくりに携わる職人さんの分野に限定されているのがユニークなところ。

体験できる職種は、建築板金、内装仕上げ、日本調理、家具製作、洋裁、和裁、貴金属装身具、いす張り、タイル張りなど（平成17年度の場合。平成18年度は造園、建具、印章などが追加）。どれもかなりマイナーで、これまで若者は見向きもしなかった分野ばかり。なのに、この制度が若者たちに驚くほど高い人気を集めているんだ。

業績が悪くなると、いともカンタンにリストラされるオフィス系のホワイトカラーより、自分の腕一本で世間の荒波を乗り切っていける職人さんになりたいと思う人が急増しているのがその理由だろうね。

一方、受け入れ事業所としても、いわゆる職人さんが活躍する分野は、後継者不足で困っている業界が多いため、ヤル気のある若者を採用する絶好のチャンス。

丁稚奉公のススメ

システムは、一定期間、親方の元に弟子入りし、もしお互いに気にいるようであれば、そのまま弟子入りした親方の事業所に就職できるというういたってシンプルなもの。

というと前章で紹介した、若年トライアル雇用制度と同じと思うかもしれないが、若年トライアル雇用と根本的に異なるのは、雇用ではなくて単なるインターンシップで、実習生には一切給料は出ない点（逆に、受け入れる事業所サイドには助成金が出るが）。

そこでがっかり～と思った人は、職人塾にはちょっと向いてないかも。

何せ、フツーの学校では学べない伝統的な技能・技術を、腕の確かな親方自らがタダで手取り足取り教えてくれるうえ、実習がうまくいったらそのまま就職できるんだから「意味ない」どころか大アリなんだよ！

というわけで、この制度を詳しく説明しておこう。

まず対象者は「おおむね29歳以下の未就業者及び臨時的な職に就いている人」。冒頭のS郎クンなんかはとりあえずセーフ。

定員は一度の募集につき20名前後（毎年5月と9月の年間2回実施）。それに対して、多いときにはなんと60名もの申し込みがあるとかで、都内在住者だけでなく全国から志望者が集まってくるというからスゴイ。

したがって、希望すれば誰でも入れるというわけではないのが玉にキズ。

まずはこの制度の募集窓口になっている東京ＳＣのカウンセリングを受けるのが先決。そこで自分の希望をカウンセラーに伝えると、説明会や見学会に参加することができ、それから、志望する職種の親方さんの面接を受けるという流れ。

そうして最終的に面接に合格となった人だけが約1か月（20日間）の職場実習に参加できるんだ。もちろん、実習を受けたからといって、必ずしもその職につけるわけではない。

「平成17年に実施したときには、約30名のうち10名が体験実習した業界に進まれました。

実際に就職するとなると、なかなか厳しい世界ですから。以後はもう少し就職につながるように業界そのものも見直しております」（東京ＳＣ広報担当者）

とりあえず自分が興味のある分野の仕事を体験できるんだから、たとえ就職に結び付かなかったとしても、それは間違いなく貴重な体験になるはず。プロフェッショナルとしての仕事に取り組む姿勢など、学べることも多いだろうからね。

若者支援国家的プロジェクト！

キミは「日本版デュアルシステム」という言葉を聞いたことがないかな。ハロワで職業訓練のパンフをもらうと、そのどこかに必ずこの言葉をみつけられるはず。

２００４年から厚生労働省と文部科学省が連携してスタートした国家的プロジェクトで、若年トライアル雇用とともに、若者就職支援の切り札とも言える制度なんだ。

「デュアルシステム」とは、もともとドイツで実施されていた若年者向け職業訓練のことで、全日制の普通教育を終えた若者が週のうち２日は職業学校で専門教育を受ける一方で、残りの３日は企業で職場実習を受けるというもの。

教室で先生が一方的に講義して生徒に知識を詰め込む座学だけでは、就職につながるスキルや職業意識がなかなか身につきにくい。その点、カリキュラムに最初から職場実習が組み込まれていれば、在学中から実務経験を積むことで、より実践に役立つスキルを身につけたり、早くから職業意識を高められるのが大きなメリット。

そんなシステムをまねて導入されたのが「日本版デュアルシステム」なんだ。

「日本版」の場合、いまのところドイツのように週2日が座学で残りの3日が企業実習というスタイルではなく、入学後に一定期間施設内でみっちり座学を学んだ後に、職場実習を集中してこなすシステムになっていることも覚えておこう。

実習期間中も給料がもらえる

たとえば、1年コースの場合、最初の5か月間はスクール内でみっちり基礎的な訓練を受けた後、1か月の企業派遣実習を経て、残りの6か月は、本格的に企業で働きながら実践的なスキルを身につけていくカリキュラムになっている。

いわば、職業訓練のケツに若年トライアル雇用をくっつけたようなスタイルと言うとイメージしやすいかな。全課程のうち、前半が校内の座学＋実技で後半が職場実習なんだ。

職人塾のような無給のインターンシップと決定的に違うのは、最後の部分の実習は、ちゃんと給料が出る「有期パート雇用」となっている点。それが日本版デュアルの最大の特徴で、実際に働いてみて、本人も企業サイドもお互いに同意すれば、全課程修了後に、そのまま実習先に就職するという流れになっているんだ。

若年トライアル雇用では、未経験の若者でも、企業サイドは「とりあえず使ってみるか」と気軽に決断できるのがメリットだったよね。日本版デュアルの場合、前半の課程においてその分野における基礎的な知識技能を身につけているわけだから、採用する企業としては、若年トライアル雇用よりもさらに気軽に試用しやすいワケ。

一方、活用する若者サイドとしても、いきなり未経験の分野に飛び込むのは勇気がいるが、一定期間、スクールで基礎的な勉強をした後でなら、不安はかなり解消されるはず。

そして何より、最後の実習部分は「有期パート雇用」だから、タダ働きではなくちゃんと収入も得ながら働けるのがありがたいよね。

もちろん「有期パート雇用」部分の実習を終えるとき、必ずしも実習先に就職しないといけないわけではなく、気にいらなければほかの会社に就職したってぜんぜんオッケー。

実習先に就職するときには、実際の仕事はもちろん職場のフンイキなんかもよく知ったうえでどうするか決められるわけだから、納得ずくの就職ができるという点で、なかなか理にかなったシステムと言えるわけなんだ。

意外にオトクな「なんちゃってデュアル」

日本版デュアルシステムには、注意点がいくつかある。

第一に、訓練期間。ハロワのパンフで「デュアルコース」とか「デュアルシステム」と紹介されているのは、ほとんどが訓練期間4か月前後の短期コース。

正確に言うと、これらは「日本版デュアルシステム」ではなく、3か月程度の座学に1か月の職場実習をくっつけただけの若年者向け職業訓練にすぎないんだ。

えっ、そんなのどこが違うのと思うよね。実はこれが大違い。

アタマに「日本版」とつくコースは、必ず給料が出る「有期パート雇用」がくっついてるのに対して、これらの短期コースにはそれがない。実施場所もほとんどが民間の専門学校で、最後の実習部分だけ企業で行う「なんちゃってデュアル」。つまりその実態は、インターンシップ付きの専門学校委託訓練なんだ。

じゃあ、そういうコースを受講するのはソンかというと、これが逆で、ほかの公共職業訓練と同様に、失業手当をもらいながら通え、なおかつ原則として授業料も無料なので、ソンどころかオトクなコースと言える。

一方の、「日本版デュアル」はどうかというと、訓練期間は8か月～1年（最長2年）の長期で、失業手当は支給対象外。しかも授業料は有料ときたら、おそらくみんなガッカリするだろうね（ポリテクセンター実施コースで年間約11万円程度）。

でも、実施場所は、公立の訓練校もしくは後述する職業訓練大学校だから、みっちり時間をかけて技術・技能を身につける本格的なコースになっているってワケ。

ゼニ払っても通いたいコース

日本版デュアルは、授業料がかかると聞いただけで、みんな「それはムリ」と思ったかもしれないが、後半の課程に有期パート雇用がくっついているのを忘れてはいけない。

その期間中は安いながらも給料をもらえるから、先に費用を立て替えるだけの資金的余裕があれば、結果的にはプラマイゼロどころかオツリが出るくらいなんだ。

それよりもイタイのは、雇用保険から失業手当をもらいながら通えない点じゃあないかな。一般の訓練の場合、ハロワの受講指示さえもらえれば、本来手当が90日しかもらえない人でも半年とか1年以上も手当を延長してもらえるのに、そのトクテンがなくなると公共職業訓練としての魅力が半減してしまうのは確か。

でも、最初から雇用保険の受給資格のない人にとっては、どっちみち手当はもらえないことに変わりはないので、検討してみる価値は十分にあるかも。

大事なのは「就職する」という目標をいかに達成するかということなので、使えるかどうかはそのコースの中身次第。いくら授業料タダで失業手当付きで通えたとしても、最終的に就職できなかったら一文のトクにもならない。逆に多少の費用はかかっても、就職に役立つのなら、おおいに検討したいところ。

そこで、実際に日本版デュアルとして実施されているなかでも、より確実に就職に役立ちそうなコースを取材してみた。

駅徒歩5分の広大なキャンパス

訪問したのは、東京・小平市にある職業能力開発総合大学校東京校（能開大東京校）。ここは厚生労働省管轄の技術者養成施設なんだけど、本校とは別に設置された分校（本校は神奈川県相模原市にある）のようなので、ビルのワンフロアにでもあるのかなと思っていたら、これがとんでもない勘違い！

都心から電車で1時間未満。最寄り駅より徒歩5分と超便利な場所にあるにもかかわらず、なんと4万2000平米の広大なキャンパス！　校舎は1号館から8号館まであり、体育館、グラウンド、テニスコート、学生寮まで設置されているからさらにオドロキ！

国立大学でもこれほど設備が整っている大学はめずらしいんじゃあないのと思うくらいの立派な大学校なんだよ。

取材に対応してくれたのは、学務課長さんのほか、建築系の講師の方お二人と、インテリア科の講師の方お一人の合計4人。同校がいかに日本版デュアルに力を入れてるかってことがわかる布陣だ。

能開大東京校は、高校新卒者向けの専門課程が本科（2年コース。応用課程にも進むと4年）なんだけど、同校ではその本科とは別に、35歳未満で未就職の若者を対象にした「住居環境科」という日本版デュアルシステムコースを設置しているんだ。

「住居環境科」なんて言うと、何を学ぶコースなのかいまいちわからないが、要するに建築科とインテリア科をくっつけたような内容を学ぶコースらしい。

「基本的には建築業界に就職することをめざしています。就職先はわりと広く、建築会社、建築施工会社、建築CADの図面を描くオペレーターに関連するところなどです」とは、建築系講師のEさん。

修業年限は、同校に設置されているほかの高校新卒者向け専門課程と同じく2年。ただし、ほかの課程がすべて4月入学なのに対して、こちらは10月入学。

ズバリ、このコースの売りを言っておくと、二級建築士の受験資格を卒業と同時にもらえること。予備知識のない人は、そう聞いても「ふーん」で終わっちゃうだろうが、知ってる人がこれを聞いたら「そんなバカな」と思うような凄いトクテンなんだ！

国家試験受検資格を5年早くゲット

建築業界で活躍するためのパスポートとも言える二級建築士の国家試験を受けるためには、フツーの人は建築業界で実務経験を7年も積まないといけない。実務経験ゼロでも受験できるのは、4年制大学または2年制短大の建築科を卒業した人のみ。4年制の土木学科を卒業した人ですら1年以上の実務が必要なんだ。

なのに同校の住居環境科は、大学・短大の建築学科と同様に、全課程を修了すると実務経験ゼロで二級建築士を受験可能。**いま25歳の人がフツーにやっていたら32歳にならないと受験できないのに、このコースに2年通うと受験までの道程が5年も短縮される。**キャリアのない人にとっては短期間で大逆転する絶好のチャンスかも。

もちろん、これから受験勉強して大学の建築科に入っても同じ効果が得られるんだけど、そもそも大学の建築科といったら、理系でも結構入るのが難しい学科。そのうえ、私立だと学費が年間150万円前後もかかるから、一度学校を卒業した人にとっては、まず自力で通うのはは不可能。

それと同等の特典がある同校の住居環境科の場合、入学難易度は単純比較はできないが、大学の建築科よりもはるかに入りやすいことは確か。なぜならば、**自己推薦入試枠でチャレンジすると、試験は小論文と面接のみで済むから。**

したがって多少学力が足りなくても、建築業界に就職したい意欲があれば合格する可能性はおおいにある（ただし、数学ができないと入学後に苦労するが）。もちろんデュアルだから、フリーターやニートにも広く門戸を開いているんだ。

さらに、年間にかかる学費は約40万円（入学金不要）と、私立の3分の1以下！

「実際に入学された方は、学費が安いのはかなり魅力になっていると思いますよ」とは、インテリア科のT講師。実習が多いカリキュラムのため、小人数制で行う実習のための設備なんかも入れると授業料の何倍もの費用がかかっているそうなんだ。

というわけで、国家資格を取って建築業界で活躍したい人にとっては、まさに「大穴コース」といってもいいような日本版デュアルコースなワケ。

最年長は40歳オーバー

二期生となる同科の2005年入学生は30名。ユニークなのがその年齢構成。高校卒業したばかりの18歳がいるかと思えば、最年長はなんと40歳オーバー。最も多いのが30歳〜35歳のゾーンだとか。性別では男ばかりでなく、女性も4人いるという。

親子と言ってもおかしくないくらいの年齢差がある生徒が同じ教室で学ぶなんて、なかなか一般の大学等ではみられない光景だね。

それにしても、入学するまでは、みなさん何をしていたのだろうか。

「一言で言えば、混成部隊です（笑）。アルバイトで生活していた人、またはアルバイト経験すらほとんどない人、学歴は、大卒が多く、なかには理系の有名私立大学を中退して社会経験を何年か積んだ後にうちに入り直した人、元は文科系だったけども、文科系ではなかなかいい職に就けないということで方向転換された人、みなさんここに来られるまでの経歴は、実にさまざまです」（E講師）

そう聞いてまず心配したのは、トシ取ってから未経験の分野に飛び込んで果たしてヤル気を出せるのかということ。ところが、建築科のW講師がこんな意外な話をしてくれる。

「デュアルの生徒は、みなさん驚くほど真剣です。専門課程の建築科やインテリア科の学生たちと合同で授業することもありまして、そちらは18で高校出たばかりの若者ですからときどき授業中に騒いだりするんですが、そうするとデュアルの学生が『ガタガタうるさい！』とよく注意してますね。そこらへんの勉強に対する姿勢が専門課程の生徒とはぜんぜん違ってますね。彼らは、ここでがんばらないともう後がないという気持ちで取り組んでいますから、むしろ専門課程の生徒たちのほうが見習ってほしいくらいです」

なるほど、ただ漠然と進学してきた学生さんと違って、デュアル組は、就職するという目的がはっきりしているだけに、自ずと日々の勉強にも身が入るということだろう。

でも、難しい理系の勉強をこなしていくためには、学力的にもタイヘンなのでは？

「確かに、苦労している人もいます。特に数学で微分積分をほとんど勉強してこなかった人は、入学後にそれをみっちりやらないといけません。でも、その点は教養部分の学科として先生がていねいに教えていますから何とかなります。また、学生同士でも、能力の高い人がほかの生徒に教えたりしています。そこが混成部隊のいいところでしょうね」

一人ではなかなかがんばれないが、共通の目標を持つ仲間と一緒にやれば、多少の困難も乗り越えていけるということかもしれないね。

日本版デュアルの職場実習スケジュール

では、具体的に、住居環境科のカリキュラムは、どんなふうになっているのだろうか。

「一年次は、一般教養と建築の基本を身につけます。建築士になるためのいろんな専門知識を学んだり、図面はコンピュータを使ったCADだけでなく、手描きでもできるように基礎から学んでいきます」（E講師）

技術者を養成する専門機関だけあって、道具の使い方から学ぶ実技や演習科目が豊富に取り入れられており、授業のなかで実際にツーバイフォーの建物を生徒たちで建てる実習もあるというから、なかなか本格的。

その点は、同校専門課程の建築科と同じなんだけど、最大の違いは、現場で働きながら技能を身につける有期パート雇用＝就労型実習が2年めの最後に組み込まれていること。

といっても、いきなり就労型実習に移行するわけではなく、その前に委託型実習と呼ば

●日本版デュアルシステムのイメージ

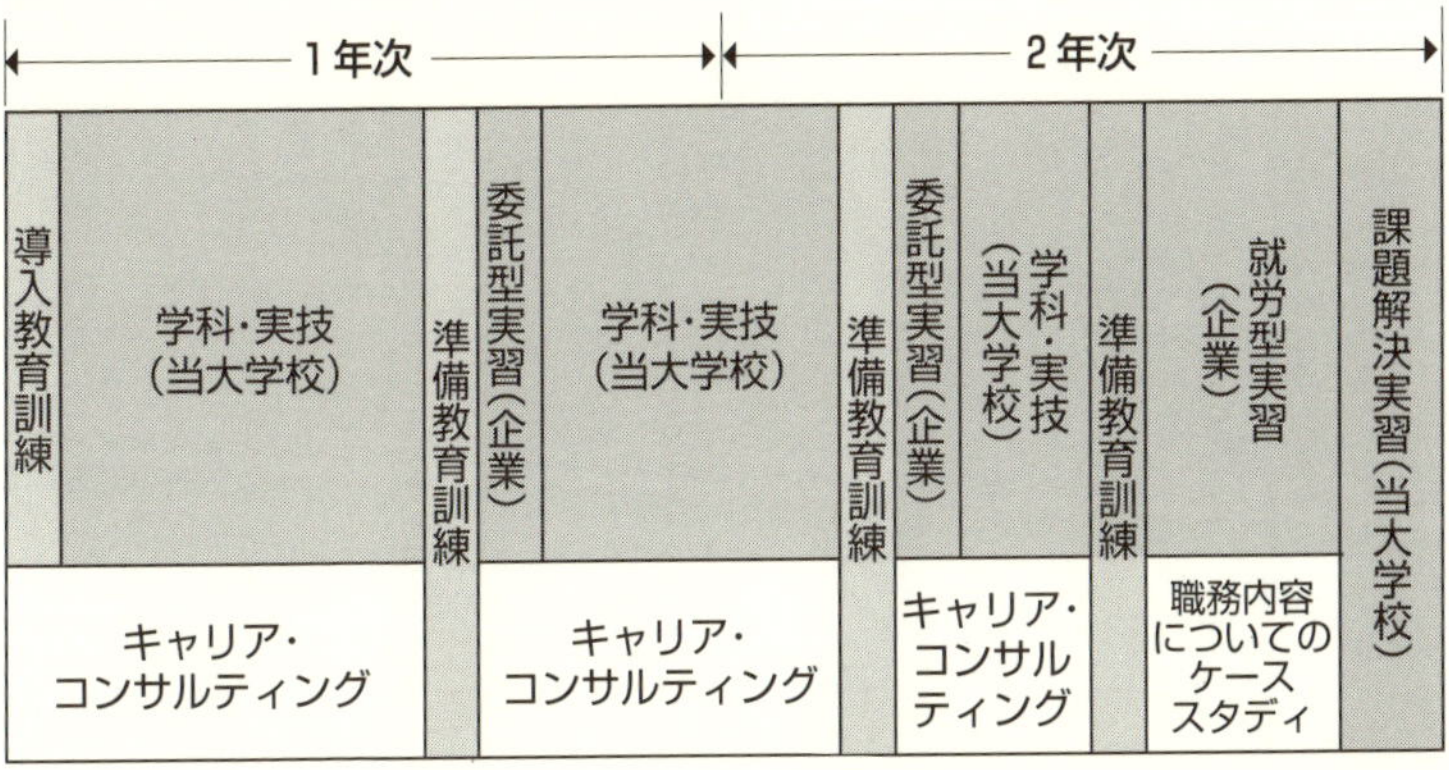

れる企業でのインターンシップ（無給）を何度か経験してからになる。

流れとしては、まず、入学後10か月めに早くも企業委託型実習に参加。委託型なので給料は出ないインターンシップで、期間は1週間程度。

次が2年次の冬。入学してから15か月めに再度、委託型実習に参加することになるんだ。それを経て2年次の4月から卒業する9月までの半年間、企業と雇用契約を結んで就労型実習に入る――のが基本的な流れ（実際には、最後の6か月のうち、前半の数か月は委託型実習で自分に合うところを探して、後半の数か月のみ就労型実習になるケースも多い）。

でもって、卒業後はそのままその企業に正社員として採用されて就職する可能性が高いため、就労型実習にさえ移行できれば、それではぼ内定をゲットしたも同然だとか。

この点が日本版デュアルならではのメリット。

「一般的には、30歳を超えた人が未経験で就職するとなるとかなり難しいと思うんですが、デュアルですと、就労型実習で試用してもらえるのが強みです。歳は35なんですが、なかなか優秀で、人間的にもとってもいい奴なんですよ。だから一度試しに使ってみてもらえませんかともっていくことができます。すると、これまでは書類選考や面接ではねられていた人でも、実際に頑張って働いてみせることで、道は開けてくるわけです」(E講師)

それでも、就職につながらなかった場合はどうなるのだろうか。

「就労型実習に参加した人は、全員実習先の企業から評価をもらえることになってまして、その評価がAとかBで良ければ、たとえ実習先に就職しなくても、その評価をもってほかの企業に有利に就職活動ができます」(E講師)

なお、二級建築士の受験資格は、卒業して初めて取得できるため、実際に国家試験を受けるのは就職してからになるそうだ。

2年で学ぶ課程を1年半でこなす

では、逆にこのコースで就職するときの難点はどこにあるのか。ついおいしいとこばかりに目がいきがちなので、最後にこのコースのデメリットについてもふれておこう。

まず第一に、ほかの建築関係の専門学校や大学に比べて、カリキュラムをこなしていくスケジュールが非常にタイトであること。

というのも、2年めの最後の半年間を就労型実習にあてることを前提にカリキュラムが組まれているため、2年分の課程を実質的には1年半でこなさないといけない。それだけ短期間で二級建築士の受験資格取得に必要な単位を取得していかないといけないわけだから、当然スケジュールはタイトにならざるをえない。

「面接のときに、よく『アルバイトしながら通えますか？』と受験生から質問を受けますが、それは難しいでしょうと答えています。建築系の場合、課題が授業時間内にできないときは放課後に残ってやるのが普通になっていますから、アルバイトをする時間はとりにくいのが現実です」（W講師）

したがって、2年間学業に専念する間の生活費をどう捻出するかが頭の痛いところ。その点をクリアできないために、04年入学生では、休学や退学していく人も出たという。

そこでおおいに活用したいのが奨学金制度。経済的に通うのが困難な人向けに、同校には「技能者育成資金」（厚生労働省管轄大学校向け）という制度があり、それを活用すると、自宅外通学生で月額約5万円の貸与を受けられるんだ（ただし、申し込みは入校後）。

また、敷地内にある学生寮（全室個室）は、食費をのぞいた年間の費用が約20万円と激安！　そんな特典をうまく活用すれば、バイトしなくても何とかなるかもしれないよ。

就職活動入り口での戸惑い

もうひとつは、このコースのデメリットというよりも、フリーター及びニートが就職しようとするときに必ずぶち当たる心理的なカベの問題がある。

カリキュラムにしたがって、日々勉強したり実技や演習をこなしていくスクール生活は、誰しもが問題なく進めていけるものの、このコースには、「過去にバイトもほとんどしたことがない」というニートの人も受け入れているため、いざ就職活動になると、どうしても積極的になれない人が何人か出てくるとか。

先述したように、同科の場合、2年次の4月に就労型実習をスタートすれば、その時点で「内定をもらったようなもの」だったよね。したがって、受け入れてくれる実習先を探すことが実質的な就職活動になるんだ。

えっ、実習先は自分で探さないといけないのって思ったかもしれないが、もちろん学校サイドでも紹介はしてくれる。だけど、それらは必ずしも自分が希望するような企業とは限らない。自分の希望する企業に実習に行きたければ、自分から積極的に動かないといけないんだけど、就職活動の入り口で立ち止まってしまう人もいるんだとか。

いったい、何が障害になっているのだろうか。

「その質問は、なぜニートになるのか、なぜフリーターになるのかに近いと思いますね。まず自分のやりたいこと、イメージしていたことと近いということでうちに入ってきた。ある程度学んでいくことで目標が具体的になってきた。じゃあこれをやっていこうとなったときに、とたんに臆病になってしまう。というのも、自分の理想と2年間勉強してきたスキルアップの結果が食い違っていて、実際の求人ということになると、なかなか自分の理想しているようなところには行けないから。自分が望んでない現場で働かないといけない。すると、やっぱりイヤだなという気持ちが勝ってくるんだと思います」（F学務課長）

心理的な壁を乗り越えるサポート

フリーター・ニートの就職の難しさが、ここでも、クッキリと出てきたね。理想と現実の違いとは、たとえば、こんなこと。

「雑誌などでよくオシャレな個人住宅を設計した設計事務所の名前などが出てきますので、ああいう設計者になれるようなイメージを抱いて来られる人も多いんですが、現実の就職先となると、設計事務所はかなり難しいんです。最近ですと、求人が多いのが施工管理の分野ですね。具体的には、おおがかりなマンションや工場を建築するときの工期や原価を管理する現場の管理者。といっても、全体を管理するのはかなりの経験が必要ですので、経験の浅い人は、細かく別れているパーツ部分を担当することになりますので、かなり自分が抱いていたイメージとはひらきがあるんでしょう」（E講師）

そういった現実とどう折り合っていくのかは、まさに「就職することの本質」。

就職って、ある意味恋愛や結婚と非常に似ていて、若いときには情熱だけで後先考えずに突っ走れるが（だから失敗も多い）、30歳を超えると多少は賢くなってくる。付き合ってみると、いろんなことを冷静に判断できるようになるから、なかなか思い切って飛び込むことができないのかもしれないね。

「専門課程の学生であれば、『キミの将来のためだから』と強く言えるんですが、デュアルの学生は年齢も30を超えてる人が多いですから、本人の意志を尊重しないといけません。時間はかかってもじっくりと話をしていくしかないと思います」（F学務課長）

デュアルの学生を指導する先生たちは、なかなか結婚しない人を相手にした仲人さんみたいなもの（笑）ともいえるかも。

同校のユニークなのは、「就職活動しない本人が悪い」とはせずに、学校サイドで、悩んでいる生徒をちゃんとサポートする別のチャンネルを用意しているところ。

具体的には、ニートやフリーターが直面する心理的な「就職のカベ」を乗り越えてもらうために、専門のカウンセラーが相談を受ける体制を整えているんだ。

「カウンセリング用の部屋を用意しまして、そこに毎週水曜日、ニート本人や親を対象にした相談を専門になさっているカウンセラーの方に来ていただいています。そこでは、就職の相談など、われわれにはなかなか話せないことも気軽に話ができるようになっています。就職を控えた2年生だけではなく1年生も相談できます。何かにぶつかったときに、自分で壁を高くしてしまう人は、カウンセラーのほうが専門的なアドバイスができるでしょう。われわれは、なるべく押してはいけないところは押さないで、少し様子をみておこうというスタンスでやっています」（E講師）

誰しも、学生から社会人になるときには、大きな意識変革を迫られて戸惑うものだけど、本格的に社会に出るのが少し遅れた人は、余計にその戸惑いが大きいのかもしれないね。

以上みてきたように、「日本版デュアルシステム」は、現場で役立つ知識や技能を身につけつつ、委託型実習で職場の雰囲気になじんだり自分の適性を確認したりして、最後に就労型実習につなげるという、なかなか理にかなったシステムになっているワケ。

そうすることで、「仕事をする」世界にシームレスに（段差なく）移行していけるスタイルになっているわけだけど、一部のフリーターやニートの人にとっては、それでも、まだ心理的な「段差」はあるようだね。

「最後は本人の問題」と突き放すことは簡単だけど、それでは「日本版デュアル」の名が廃る。指導される先生方はとってもタイヘンだと思うけど、「フリーター・ニートの就職支援」を標榜する以上は、そういった心理面までサポートしてこそ価値があるのかも。

もっとも、同校の日本版デュアルシステムは、まだ始まって2年しかたってないから、学校側もこれまでの手探り状態から、ようやく過去の経験を生かした就職支援体制を整えつつあるといったところじゃあないかな。

キミも、「現実とどう折り合っていけばいいのか」と、しばし、悩むかもしれないが、そのときには、キミをサポートしてくれる人が必ずいることを思い出してほしい。

これまで本書に登場した人たちは、みんなプロフェッショナルとして、若者を就職まで導くことを最高のヤリガイとしているんだから、プロの力を借りない手はないと思うよ。

それでは、焦らず、諦めず、あなどらずに、がんばって。幸運を祈ってるよ!

注）２００６年12月末現在、雇用保険法の改正作業が進められており、近い将来、週30時間以上勤務の一般被保険者でも、自己都合で退職した場合は、１年以上保険料を払わないと受給資格が得られなくなる見込み。早ければ、２００７年10月にも施行される予定。法改正の推移に注目!

※本書の執筆・取材にあたっては、東京労働局及び、本文中に記載しました若者就職支援関連機関の方々の多大なるご協力をいただきました。これらの関係者の方々には、この場を借りて、厚く御礼申し上げます。

TEL 082-224-1032
・若者交流館（4階）　TEL 082-511-2029
・ヤングジョブスポット（3階）
TEL 082-212-0688
《地方拠点》福山

●山口

・YYジョブサロン（山口県若者就職支援センター）

〒754-0014　山口市小郡高砂町1－20
TEL 083-976-1145
http://www.joby.jp/

●徳島

・ジョブカフェとくしま

〒770-0831 徳島市寺島本町西1－7－1 日通朝日徳島ビル1階　TEL 088-602-1188
http://ourtokushima.net/jobcafe/

●香川

・しごとプラザ高松

〒761-8063 高松市花ノ宮町3－1－1　ときわ栗林ビル2F　TEL 087-869-8610
http://www.hw-takamatsu.jp/104age/main.html

●愛媛

・ジョブカフェ愛work（愛媛県若年者就職支援センター）

〒790-0012 松山市湊町3－4－6 松山銀天街GET！4階　TEL 089-913-8686
http://www.ai-work.jp/

●高知

・ジョブカフェこうち

〒780-0841 高知市帯屋町2－1－35 片岡ビル
TEL 088-802-2025
http://jobcafe-kochi.jp/

●佐賀

・ジョブカフェSAGA

〒840-0826 佐賀市白山2－2－7 KITAJIMAビル2階　TEL 0952-27-1870
http://www.jobcafe-saga.info/

●福岡

・若年者しごとサポートセンター

〒810-0001 福岡市中央区天神1－4－2 エルガーラオフィス12F　TEL 092-720-8830
http://www.ssc-f.net
《地方拠点》北九州、飯塚、久留米
《併設施設》ヤングジョブスポット天神（6F）

・若者ワークプラザ

〒802-0001　北九州市小倉北区浅野3－8－1 AIM2階　TEL 093-531-4510
http://www.shigotomarugoto.info/wakamono/

●長崎

・フレッシュワーク長崎

〒850-0841長崎市銅座町4－1 りそな長崎ビル4F
TEL095-829-0491
http://www.freshwork.jp/
《地方拠点》佐世保、五島

●熊本

・ジョブカフェくまもと

〒862-0950 熊本市水前寺1－4－1 水前寺駅ビル2階　TEL096-382-5451
http://jobcafe-kumamoto.com/

●大分

・ジョブカフェおおいた

〒870-0029 大分市高砂町2－50 OASISひろば21
TEL 097-533-8878
http://www.hataraku.jp
《地方拠点》大分市長浜町、中津、日田、別府、佐伯

●宮崎

・ヤングJOBサポートみやざき

〒880-0805 宮崎市橘通東4－8－1 カリーノ宮崎8階ガガエイト内　TEL 0985-23-7260
http://www.yjs-miyazaki.jp/

●鹿児島

・キャッチワークかごしま

〒892-0842 鹿児島市東千石町1－38 鹿児島商工会議所（アイム）ビル3F　TEL 099-216-9001
http://www.c-work-kagoshima.jp/

●沖縄

・沖縄県キャリアセンター

〒900-0006 那覇市おもろまち1－3－25
TEL 098-866-5465
http://www.career-ce.jp/
《地方拠点》中頭郡西原町（琉球大学内）、名護市為又

※上記の大半は、学生職業センターまたは学生職業相談室（愛称が「～ヤングハローワーク」となっているところも）を施設内に併設して、そちらで職業紹介を行っている。これらのなかは、既卒者も利用できるところ多いので、出かけたらそちらも必ずチェックしてみてほしい。

※本書に記載された内容は、2006年12月末現在のものです。本書で紹介しました各種公的制度につきましては、随時その内容が改訂されることが予想されますので、そのつどご自分で関係機関に最新の情報をご確認されたうえで行動するようにしてください。

・しごとふれあい広場あいち（ヤングジョブスポット）　TEL052-264-0633

●滋賀

・ヤングジョブセンター滋賀

〒520-0051　滋賀県大津市梅林1－3－10滋賀ビル5階　TEL 077-521-0600
http://www1a.biglobe.ne.jp/sigajobc/

《以下の3つの組織から構成されている》

・滋賀県ジョブ倶楽部
・滋賀県学生職業プラザ
・滋賀学生職業相談室

●三重

・おしごと広場みえ

〒514-0009 津市羽所町700番地アスト津3階　TEL 059-222-3300
http://www.oshigoto.pref.mie.jp/hiroba/

●京都

・ジョブカフェ京都

〒601-8047　京都市南区東九条下殿田町70（新町通九条下ル）京都テルサ西館3階　TEL 075-662-7686
http://www.pref.kyoto.jp/jobcafe/

《地方拠点》福知山

・ヤングジョブスポットきょうと

〒604-8147　京都市中京区東洞院通六角下ル御射山町262　京都市中京青少年活動センター内（3F）　TEL 075-256-8711
http://www.yjs-kyoto.jp/

●大阪

・JOBカフェOSAKA

〒540-0031　大阪市中央区北浜東3－14　エル・おおさか2F　TEL 06-4794-9198
http://www.jobcafeosaka.jp/

・JOBカフェSAKAI

〒590-0077 堺市堺区中瓦町2－3－24 博愛ビル2F　TEL 072-238-4600
http://www.jobcafeosaka.jp/about_sakai.html

・大阪ユースハローワーク

〒530-0015　大阪市北区中崎西2－4－12　梅田センタービル12階　TEL 06-6485-6146
http://osaka-rodo.go.jp/hw/youth/

・ヤングジョブスポットOSAKA

〒530-0027　大阪市北区堂山町1－5　大阪合同ビル1F　TEL 06-6364-7055
http://www.ehdo.go.jp/osaka/yjs/index.htm

●兵庫

・若者しごと倶楽部

〒650-0044　神戸市中央区東川崎町1－1－3　神戸クリスタルタワー12階　TEL 078-351-3371
http://www.hyogo-wakamono.jp/

《地方拠点》尼崎、加古川

《併設施設》ヤングジョブスポット神戸

●奈良

・ならジョブカフェ

〒630-8325　奈良市西木辻町93－6 奈良しごとiセンター2F
TEL 0742-23-5730（しごと相談ダイヤル）
http://www.nara-jobcafe.jp/

●和歌山

・ジョブカフェ・わかやま

〒640-8033 和歌山市本町2－45 TEL 073-402-5757
http://jobcafe-w.com/

《地方拠点》田辺（出前相談）

・ハローワークプラザ和歌山

〒640-8331　和歌山市美園町5－9－12グリーンコート美園1階　TEL 073-433-3381
http://www.hellowork-wakayama.go.jp/sisetu/si_index.htm

《地方拠点》岩出

●鳥取

・とっとり若者仕事ぷらざ

〒680-0846　鳥取市扇町7　鳥取フコク生命駅前ビル1F　TEL 0857-36-4510
http://www.plaza-tori.net/

・よなご若者仕事ぷらざ

〒683-0053　米子市明治町250　TEL 0859-23-4510

●島根

・ジョブカフェしまね

〒690-0003 松江市朝日町498－6 松江駅前第一生命ビル3階
フリーダイヤル0120-67-4510 TEL 0852-28-0691
http://www.jobcafe-shimane.jp/

《地方拠点》浜田

●岡山

・おかやま若者就職支援センター

〒700-0901　岡山市本町6－36　第一セントラルビル 7階　TEL 086-236-1515，086-236-1616
http://www16.ocn.ne.jp/~y-work/

《地方拠点》倉敷、津山

●広島

・ひろしま若者しごと館

〒730-0013　広島市中区八丁堀16－14　第二広電ビル3階～5階　TEL 082-224-1032
http://www.work2.pref.hiroshima.jp/shigoto/

《以下の4つの組織から構成されている》

・広島学生職業センター、ハローワーク広島学卒部門（5階）　TEL 082-224-1120
・広島県若者就業サポートセンター（5階）

・ヤングハローワーク
〒150-0041　渋谷区神南1－21－1　日本生命渋谷ビル5F　TEL 03-3770-8609
http://www.younghw.jp/

・ヤングジョブスポット東京
〒150-0041　渋谷区神南1－21－1　日本生命渋谷ビル4F　TEL03-6415-4510
http://www.ehdo.go.jp/tokyo/yjs_tokyo/

・学生職業総合支援センター
〒106-0032 港区六本木3－2－21六本木ジョブパーク　TEL 03-3589-8609
http://job.gakusei.go.jp/

●神奈川

・かながわ若者就職支援センター
〒220-0004 横浜市西区北幸1－11－15 横浜STビル5階　TEL 045-410-3357
http://www.pref.kanagawa.jp/osirase/sangyo-jinzai/koyotaisaku/hp/wakamonocenter.htm

・よこはまヤングワークプラザ
〒220-0004 横浜市西区北幸1－11－15横浜STビル16階　TEL 045-322-8609
http://www.kanarou-antei.jp/ywp/

・ヤングジョブスポットよこはま
〒220-0004 横浜市西区北幸2－1－22ナガオカビル2階　TEL 045-317-2009
http://www.ehdo.go.jp/kanagawa/young_job.html

●新潟

・若者しごと館
〒950-0901 新潟市弁天2－2－18 新潟KSビル2F
TEL 025-240-3013
http://www.shigotokan.com/
《地方拠点》長岡、上越

・ヤングジョブスポット新潟
〒950-0901 新潟市弁天2－2－18新潟KSビル2F
TEL 025-240-4520
http://www.ehdo.go.jp/niigata/yjs/

●富山

・ヤングジョブとやま
〒930-0805 富山市湊入船町9－1とやま自遊館2F
TEL 076-445-1996
http://www.youngjob-tym.jp/
《併設施設》ハローワーク富山若年者職業センター

●石川

・ジョブカフェ石川
〒920-0962 金沢市広坂2－1－1 石川県広坂庁舎1号館1階　TEL 076-235-4513
http://www.jobcafe-ishikawa.jp/
《地方拠点》小松、七尾
《併設施設》石川県若者しごと情報館

●福井

・ふくいジョブカフェ
〒918-8580 福井市西木田2－8－1 福井商工会議所ビル1F　TEL 0776-32-4510
http://www.fukui-jobcafe.com/

●山梨

・ジョブカフェやまなし
〒400-8501 甲府市丸の内1－8－5
TEL 055-233-4510
http://job.pref.yamanashi.jp/jobcafe/

●長野

・ジョブカフェ信州
〒390-0815 松本市深志1－4－25 松本フコク生命駅前ビル1階・2階　TEL0263-39-2250
http://www.jobcafe-shinshu.pref.nagano.jp/
《地方拠点》長野

●岐阜

・ジンチャレ！岐阜
〒500-8384 岐阜市薮田南5－14－12岐阜県シンクタンク庁舎2階　フリーダイヤル0120-89-1149
http://www.jincha.jp/
《地方拠点》JR岐阜駅コンコース1階、多治見、高山、美濃加茂、大垣、中津川

●静岡

・静岡ヤングジョブステーション
〒422-8067 静岡市駿河区南町14－1 水の森ビル3階　中部県民生活センター内
TEL 054-284-0027
http://youngjob.pref.shizuoka.jp/

・浜松ヤングジョブステーション
〒430-0933 浜松市鍛冶町100－1 ザザシティ浜松中央館5階 西部県民生活センター内
TEL 053-454-2523
http://youngjob.pref.shizuoka.jp/

・沼津ヤングジョブステーション
〒410-0801 沼津市大手町1－1－3 沼津商連ビル2階 東部県民生活センター内 TEL 055-951-8229
http://youngjob.pref.shizuoka.jp/

●愛知

・ヤング・ジョブ・あいち
〒460-0008　名古屋市中区栄4－1－1 中日ビル12階　TEL052-264-0665
http://www.pref.aichi.jp/yja/
《以下の施設が同じフロアに同居している》
・あいち若者職業支援センター　TEL 052-264-0667
・愛知学生職業センター　TEL 052-264-0701
・ヤングワークプラザあいち　TEL 052-264-0601

情報編

全国にある主な若者就職支援施設

●北海道

・ジョブカフェ北海道

〒060-0004 札幌市中央区北4条西5丁目 三井生命札幌共同ビル7F TEL 011-209-4510
http://www.jobcafe-h.jp
《地方拠点》 函館、旭川、釧路、帯広、北見

・ヤングジョブスポットさっぽろ

〒063-0051 札幌市西区宮の沢1条1丁目1－10 札幌市青少年センター内 TEL 011-664-3570
http://www.ehdo.go.jp/hokkaido/sisetu/yjs01.html

●青森

・ジョブカフェあおもり

〒030-0803 青森市安方 1－1－40 青森県観光物産館アスパム3階 TEL 017-731-1311
http://www.jobcafe-aomori.jp
《地方拠点》 弘前、八戸、むつ

●岩手

・ジョブカフェいわて

〒020-0024 盛岡市菜園1－12－18 盛岡菜園センタービル1F・5F TEL 019-621-1171
http://www.jobcafe-i.jp/
《地方拠点》 宮古、久慈、気仙、一関、二戸、北上

●宮城

・みやぎジョブカフェ

〒980-6123 仙台市青葉区中央1－3－1 アエル23階 TEL 022－264－4510
http://www.miyagi-jobcafe.jp
《併設施設》 ヤングジョブスポットせんだい

●秋田

・フレッシュワークAKITA

〒010-1413 秋田市御所野地蔵田3－1－1 秋田テルサ3階 TEL 018-826-1735
http://www.fresh-akita.or.jp/
《地方拠点》 大館、横手

●山形

・山形県若者就職支援センター

〒990-8580 山形市城南町1－1－1霞城セントラル14階県中小企業団体中央会内
TEL 023-647-0363
http://www.yamagatajob.com/
《地方拠点》 酒田、新庄、米沢（出張相談）

・ヤングワークサポートプラザ

〒990-0043 山形市本町2丁目4－15 千足屋ビル2階 TEL 023-615-7617
http://www.ywsp.jp/index.html

●福島

・福島県就職サポートセンター

〒963-8002 郡山市駅前2－11－1 ビッグアイWEST1階うつくしまジョブパーク内
TEL 024-927-4772
http://www.f-shushoku.jp/
《地方拠点》 福島、南相馬、白河、会津若松

●茨城

・ジョブカフェ　いばらき

〒310-0011 水戸市三の丸1－7－41 いばらき就職支援センター1F TEL 029-300-1715
http://www.jobcafe-ibaraki.jp/
《地方拠点》 日立、鉾田、土浦、筑西

●栃木

・ジョブカフェとちぎ

〒320-8501 宇都宮市塙田1－1－20
TEL 028-623-3226
http://www.tochigi-work2.net/

●群馬

・ジョブカフェぐんま

〒370-0052 高崎市旭町34－5 旭町ビル3階
TEL 027-330-4510
http://www.wakamono.jp/
《地方拠点》 前橋（就職相談窓口のみ）、桐生、沼田

●埼玉

・ヤングキャリアセンター埼玉

〒330-0854 さいたま市大宮区桜木町1－9－4エクセレント大宮ビル6階 TEL 048-650-0000
http://www.shigoto.pref.saitama.lg.jp/wakamono/
《併設施設》 ヤングジョブスポット埼玉（しごとふれあい広場埼玉）

●千葉

・ジョブカフェちば

〒273-0005 船橋市本町1－3－1フェイスビル9階
TEL 047-426-8471
http://www.ccjc-net.or.jp/%7Ejobcafe/

・ヤングジョブスポット千葉WAIWAI

〒260-0015 千葉市中央区富士見2－5－15塚本千葉第三ビル4階 TEL 043-227-8158
http://www.ehdo.go.jp/chiba/yang/posuta.htm

●東京

・東京しごとセンター・ヤングコーナー

〒102-0072 千代田区飯田橋3－10－3 東京しごとセンター3階 TEL 03-5211-2851
http://www.tokyoshigoto.jp/young/
《併設施設》 ハローワーク飯田橋U-30

日向　咲嗣（ひゅうが　さくじ）
1959年、愛媛県生まれ。大学卒業後、新聞社、編集プロダクションを経て、フリーランスライターに。サラリーマンの副業ノウハウ、合資会社を活用した独立開業ノウハウにつづき、失業・転職など職業生活全般をテーマにした執筆活動を展開中。
おもな著書に『無料専門学校150%トコトン活用術』『最新版 失業保険150%トコトン活用術』『ハローワーク150%トコトン活用術』（同文舘出版））、『株式よりも断然有利な合資会社起業マニュアル』（インデックスコミュニケーションズ）、『払わずもらえる!「国民年金未納」マニュアル』『ハンコで5億稼ぐ道』（講談社）、『おいしい失業生活マニュアル』『おいしい副業生活マニュアル』（明日香出版社）、『払いません。』（三五館）などがある。

連絡先　hina@ba.mbn.or.jp　または　hina39@gmail.com

●無料メール相談実施中●
若年者（おおむね35歳未満）の方を対象に随時“メール相談”を行っています。就職活動でお悩みの方は、上記のメールアドレスまで、どしどしお便りください。たいしたアドバイスはできませんが、就職に関する悩みを聞いてくれる人がほかにいない場合は、聞き役として多少気分転換のお役に立つかもしれません。なお、都合によりお返事が遅れる場合もありますので、その点はあらかじめご了承ください。

バイト・派遣・契約から正社員になる！
「若者就職支援」150%活用術

平成19年２月15日　初版発行

著　者　日 向 咲 嗣
発行者　中 島 治 久

発行所　同文舘出版株式会社
東京都千代田区神田神保町1-41　〒101-0051
電話　営業03(3294)1801　編集03(3294)1803
振替00100-8-42935　http://www.dobunkan.co.jp

 ISBN978-4-495-57461-1
印刷／製本：壮光舎印刷　Printed in Japan 2007